用文化做品牌 用心改变世界

·2014 年 3 月在上海与梁凯恩合影

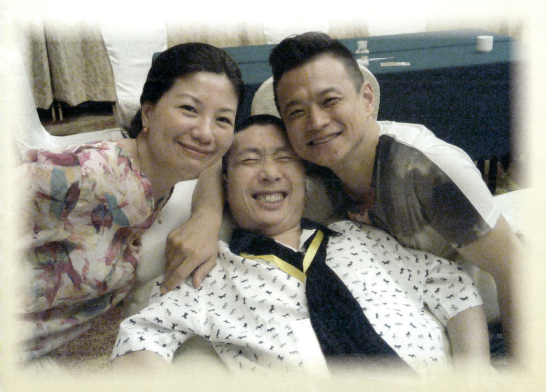

·2014 年 6 月在深圳与许伯恺、廖佩玲夫妇合影

·2014 年 3 月在上海与陈霆远合影

·与爱人、作家韩谨鸽合影

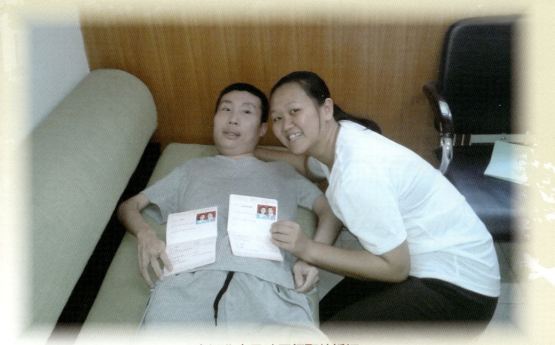

·在河北省民政厅领取结婚证

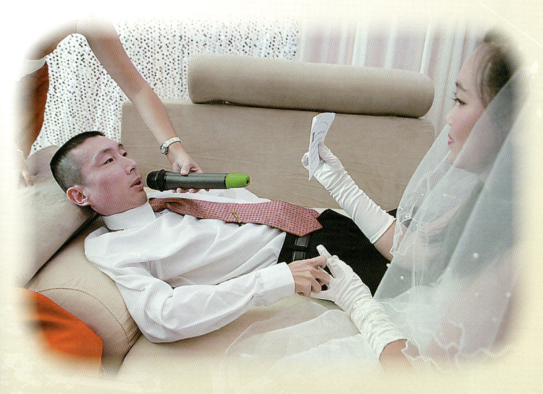

·婚礼中，在主持人的帮助下宣读爱的誓言

· 婚礼当天拍摄的全家福

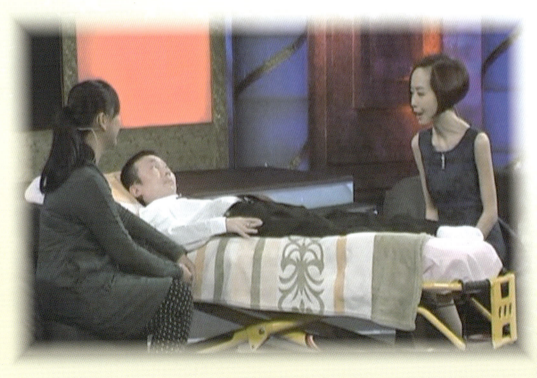

· 凤凰卫视《鲁豫有约》节目现场

·北京电视台《北京客》节目现场

·北京电视台《北京客》节目现场

一位哲人说过："你的心态就是你的主人。"在现实生活中，我们不能控制自己的遭遇，却可以控制自己的心态；我们不能改变别人，却可以改变自己。其实，人与人之间并无太大的区别，真正的区别在于心态。在谨鸽所写人物康宇的身上，我更加地看到了心态对于一个人的重要性。

——武当赵堡太极拳第十三代传人 何俊龙

他虽然躺着，却做了许多站着的人都无法做到的事。

——著名摄影师 宁小刚

人生的意义在于是否代表一种积极的活法，如果我们能够像李康宇一样用积极的人生态度去影响更多人，能够对人们产生启发的价值，我们的人生才更有意义。

——企业家哲学研究会会长 邹中棠

康宇所没有的一切外在，于我们常人全部都拥有，康宇所拥有的乐观、执着的精神，于我们常人却往往不能拥有。《与其等待死亡，不如创造奇迹》会让你懂得，生命的意义不仅在于你拥有什么，更在于你享受什么。

——嘉富诚股权投资基金管理有限公司董事长 郑锦桥

我们无法想像，是怎样的乐观和坚强，使他演绎了命运可以悲哀，生命却一定要绽放的传奇！他的故事一定会激励更多人追求梦想和希望。

——天圆集团董事长 左安一

很多时候，一个人的强大并不体现在一个人的外表，能够决定人生轨迹和人生高度的，是一个人的内心和思想。李康宇是值得我们所有健康人和所有身患疾病的人学习的榜样。相信就是力量，信念改变人生。

——辽宁省金诺安康保险代理有限公司董事长 刘海旭

一个人活着，目标和梦想决定了他会做些什么，能给宇宙和社会做出怎样的贡献。如不能，则无异于行尸走肉。对此，康宇是值得我们学习的榜样。

——水墨藏绒品牌创始人 张帅奇

康宇和淑英让我更加相信这个世界上是有真爱存在着的，在他们身上我看到了什么叫无条件的爱。康宇他就像是一个天使，他的来到这个世界仿佛就是为了激励世人的，他最震撼我的一句话是"能够活着是多么好的一件事，我感恩我活着……"

——煦氧品牌创始人 煦氧

不管此时你觉得自己是多么的不幸，不管此刻你觉得处境有多么的糟糕，当你看过康宇的故事，所有一切的障碍都会瞬间被消除，从而唤醒心中沉睡已久的巨人，创造属于自己的人生奇迹。

——2U 蛋糕品牌创始人 林海涛

很多正常的人拥有很多东西，拥有名望和财富，拥有很多很多，但他们却活得痛苦而煎熬。可康宇跟淑英却能够在缺失许多东西的状态下拥有幸福的爱情和生活。到底是什么样的力量让他们爱得如此真切、纯净？他们的故事值得我们所有人去细细品读。

——化装品公司总裁 杨佳楠

假如我们认为自已很不幸，还有人比我们更不幸；假如我们面对很多逆境，还有人比我们面对着更多的逆境。本书的主人公康宇的故事，会带领我们远离消极的心态，突破心灵的逆境，收获更多的阳光。

——文交联合大系统联合创始人　银智

当命运夺走他活动的权利，当人们还在为他扼腕叹息，他已操起灵魂巨笔，用生命谱写了《强者交响曲》。疼痛是他破茧的动力，成蝶之前他便懂得"与其等待死亡，不如创造奇迹"。

——上海互生企业发展股份有限公司讲师　杨旭光

从新闻上得知李康宇的情况后，我就决定竭尽全力来帮助他。而今，在爱心人士的帮助下，李康宇出版了这本书，相信大家看了这本书之后一定会被他的精神感动。同时我也希望有更多的爱心人士一起来帮助这位卓越、坚强的使者。

——李康宇的朋友　刘涛

谨鸽笔下的《与其等待死亡，不如创造奇迹》让人从康宇的真实故事中看到了所有人都应具有的一种向上的精神。

——著名投资银行家　王世渝

与其等待死亡，不如创造奇迹

李康宇　韩谨鸽　著

 中华工商联合出版社

图书在版编目（CIP）数据

与其等待死亡，不如创造奇迹 / 李康宇，韩谨鸽著.
-- 北京：中华工商联合出版社，2014.12
ISBN 978-7-5158-1181-9

Ⅰ．①与… Ⅱ．①李… ②韩… Ⅲ．①李康宇—传记
Ⅳ．①K828.6

中国版本图书馆CIP数据核字（2014）第292116号

与其等待死亡，不如创造奇迹

作　　者：李康宇　韩谨鸽
责任编辑：吕　莺　徐　芳
责任审读：李　征
责任印制：迈致红
出版发行：中华工商联合出版社有限责任公司
印　　刷：三河市中晟雅豪印务有限公司
版　　次：2015年1月第1版
印　　次：2015年5月第2次印刷
开　　本：710mm×1020mm　1/16
字　　数：240千字
印　　张：13.75
书　　号：ISBN 978-7-5158-1181-9
定　　价：48.00元

服务热线：010-58301130
销售热线：010-58302813
地址邮编：北京市西城区西环广场A座
　　　　　19-20层，100044
http://www.chgslcbs.cn
E-mail: cicap1202@sina.com（营销中心）
E-mail: gslzbs@sina.com（总编室）

工商联版图书

版权所有　侵权必究

推荐序一

多数人会专注自己所没有的，创造奇迹的人会专注自己所拥有的。

——梁凯恩

第一次见到康宇，我就深深地被感动。一开始，我并没有很主动地去跟他交流，因为我心里在想："天啊，这个人这么惨，全身都不能动，躺在床上在那边听我演讲，他是不是特别痛苦呢？"出乎意料的是，当我去接触康宇的时候，发现他充满了热情，充满了活力，充满了希望，他告诉我他一定要学会演讲，他一定要通过他的故事帮助更多的人重现自信。

认识康宇之后，我的第一个感受是我要从他身上学会感恩，因为我似乎从来都没有感谢过我的身体！我的手指能动，我的脚趾能动，我的脖子能动，我的手臂和脚都能动，我认为这一切都是理所应当的——"我本来就应该健康"，"我本来就应该快乐"——然而相像它失去的时候，我才会懂得去感恩自己已经拥有的一切。所以，我觉得康宇是我感恩的老师，感恩的典范。他让我学会了感恩自己的身体，感恩我身体的每一个部分。

这是从康宇身上学到的第一件事情。

第二件事情是康宇和他爱人淑英的关系让我非常感动。如果你看完这本书，你会发现他俩的伉俪情深真的可以震惊世界。淑英居然能鼓起勇气嫁给全身瘫痪的康宇，并且心甘情愿地照顾他，还在我的课堂上当着全部学员的面说"康宇是我生命当中的钻石，我担心如果我不赶紧和他在一起，会有其他人抢走他"。他们的爱，感动了我，他们是我心目中幸福的典范。

还有就是康宇写下的 101 个目标，让我感受到即使一个全身不能动的人也有他的梦想，也有他的希望；他要环游世界、他要买大平米的房子、他要成为畅销书作者，他要成为演说家、他要用他的故事影响更多的人……一个全身瘫痪的人都能设定人生目标，让自己能够坐起来、站起来，并且能够借由自己的故事影响千千万万人，那么一般人为什么做不到呢？

最后我想说的是，这本书可以让很多人明白，很多人会专注在自己所没有的事物里面，所以会充满抱怨，而创造奇迹的人会专注他们所拥有的东西。就像康宇，虽然他现在全身瘫痪，但是他的舌头是能动的，他愿意到处去演讲，通过他的故事，通过他的演讲去激励影响更多人。对于这一点，我深深地敬佩他、尊敬他，尽管我是他的老师。但我也完全相信，通过了解康宇的故事，通过读这本书，哪怕随便翻几页看看，你都会对感恩、希望和勇气有全然不同的认识！

推荐序二

他失去了很多，但却比我们拥有的更多。

——许伯恺

你可以想象吗？假如你被关在一个地方，全身被捆绑着不能动，哪都不能去，关你一天，你会有怎样的感觉？一个星期呢？一个月呢？一年、五年、十年呢？你可能猜不到，李康宇就是这样生活了 30 几年。

面对这样的遭遇，换作我恐怕早就郁闷不堪了吧？事实是，李康宇甚至连郁闷不堪的机会都没有。他不是没有双手和双脚，而是全身都不能动，连脖子都转不了、嘴巴都张不大，就连吃东西都要切成薄薄的片，才可以塞到嘴里去。包括他的生活起居，他如何打理个人卫生，如何洗脸穿衣……没有人照顾他，他根本活不下去。

当父母在李康宇身边的时候，他们会心甘情愿地照顾他，可是父母相继离去之后，他该如何继续接下来的人生呢？

当我第一次看到李康宇的时候，我被他震惊到不知道该说什么才好。我不知道是该去拥抱他，还是该去鼓励他，我甚至连话都说不出来。

我记得第一次跟康宇聊天的时候，他居然露出灿烂无比的笑容。对我说，"人生太美好了，我从没想到去死。"

天啊！我无法想象，如果我像他一样生活了 30 几年之后还能说出这样的话吗？这是何种心态？

当我知道他自学上网，用他仅有的两根能动的手指用鼠标打字，通过 QQ 跟马来西亚的淑英建立关系，经历种种困境，最后排除万难走进婚姻殿堂的故事之后，我深深地感受到没有什么比这更激励的事情了！那么，有一个问题是：如果康宇都能做到，其他人还有什么做不到的呢？看看康宇，如果我们的心态同他的心态一样，如果我们能够从他的故事当中得到一些智慧，哪怕是一些启发，也许我们的人生就会变得完全不一样。

此后，我听完康宇和淑英的故事，我的心灵真的完全被"融化"了，每次见到他们就想冲上去拥抱他。而每一次拥抱他的时候，我都会忍不住红了眼圈，静静地感受自己澎湃无比的内心。

所以，我觉得我们一定要读李康宇的故事，不仅要读他的故事，更应该把他的书一口气买下 30 本、50 本甚至 100 本送给身边的每一个人。因为当你身边的人深深被康宇激励的时候，你的内心也会彻底被改变。

我知道生命当中有很多事情值得我们去抱怨，我也知道有太多的人一天到晚都活在负能量当中，但是我想说的是，看看李康宇的经历，我们到底还有什么好抱怨的呢？

虽然承受着任何人未曾体会过的痛苦，但是李康宇却用他坚强的意志力和完全不可思议的信念支撑着自己，走到了今天。他的生命很精彩，他的生命很充实，当你看到他的时候，你会觉得他失去了一切，却拥有的比你更多。

所以说，人生的悲惨不是来自于身体的缺陷，也不是来自于学历不高、出身不好或背景不如意，而是来自于思想。思想悲惨才是真正的悲惨。康宇失去了太多，但是他却拥有正面积极的思想，所以他获得了比很多人都要阳光、幸福的人生。我坚信，这本书一定会带给你和你身边的人巨大的震撼，如果有机会，你能够亲眼看到康宇，记得去拥抱他，你会从他的身上得到巨大的力量！

推荐序三

力克·胡哲激励了全世界，李康宇也可以激励力克·胡哲。

——陈霆远

"马来西亚姑娘嫁给瘫痪 32 年的唐山小伙"。我相信，当你看到这条消息的时候，会跟我一样感到好奇。

她为什么要这样做？他是怎样的一个人？他们之间到底发生了什么？

电视台对李康宇和颜淑英的报导，让更多的观众对此产生疑问。天下怎么会有这样的事情发生？他们是怎么认识的？女方的家人会不会反对？她是如何接纳李康宇的？她该怎样接受饱受争议的跨国婚姻？

和大部分人一样，我也搞不懂究竟是为什么。然而，和所有人一样，我被他们的经历所感动，特别想尽自己所能去帮助他们。

我意识到，如果李康宇就这样一辈子躺在床上，他的人生可能不会有太大的希望。不过，如果他学会了演讲，能够像力克·胡哲一样用自己的人生经历去激励更多人，是不是就有机会改变命运了呢？

一开始，我对康宇和淑英的故事并没有很深入的了解。然而，当他们向我分享了他们的人生故事之后，我被彻底震撼了。

我问李康宇，他在床上躺了30几年，生活不能自理，难道从来没有想过生活难过吗？他说他从来没有轻生的念头，他的生命是父母给予的，他只想好好珍惜自己的生命，好好地活着。

我问颜淑英，对于这场"不可思议"的婚姻，她是怎么想的？她说她不是为了同情、可怜、帮助、照顾这个男人才嫁给他的，是因为她真的非常欣赏李康宇。

在正常的夫妻关系中，能够给予对方这样的赞美是非常难得的，而颜淑英却如此称赞李康宇，她说李康宇是一颗钻石，只是大家还没有发现他，她很担心有人发现这颗钻石，从她手里把李康宇抢走。

天啊！这是怎样的信念，让一个各方面条件都很不错的女孩说出这样的话？

我们相信奇迹，但康宇跟淑英的事迹已经超越了一般人能够做到的范围。

他们走到一起，或许这真是命运注定，上帝的安排。但无论为何，发生在他们两个人身上的故事，却可以唤醒成千上万个对人生缺乏自信、对未来没有希望的人。

我们都知道力克·胡哲的影响力，我觉得未来李康宇的影响力也不会小于力克·胡哲。力克·胡哲可以"行走"，而李康宇则完全不能行动，他的经历，他的故事，一定可以激励到力克·胡哲。

作为康宇出这本书的推动者之一，我亲眼见证了他那种不屈服于命运的精神。这真的是太神奇了。我认为每一个读这本书的人，都会被书中的内容所激励，都可以寻找到内心深处最强大的力量源！

引　言

活着就是生命最好的赐予。

——韩谨鸽

李康宇，一个 30 几年每天 24 小时不间断忍受刺骨疼痛的"渐冻人"，从 6 岁起，他身体逐渐僵硬，不能站立、不能行走、只能平躺，两根可以活动的手指，是他上网与外界沟通的唯一方法……

李康宇没有上过学，30 几年从未走出房间半步，命运将他无情地推向痛苦的深渊，然而，面对常人无法忍受的挫折与打击，他竟然对我说："**我感恩生命里所有的一切，我活出了生命的质量……**"

38 岁时，康宇与美丽的马来西亚女孩颜淑英结婚。作为一个公益事业志愿者，美丽、善良、家风朴实的淑英竟然可以远渡重洋，背井离乡，嫁给生活完全不能自理的李康宇，这简直超乎了太多人的想象，然而面对身边人的不理解，淑英居然说：**"康宇是我生命里的钻石……"**

对于我而言，这是一次非常特别的采访，是我见证奇迹的机会，感恩我的另外一本书的合著者陈霆远先生，是他的促成，让我拥有了走近康宇，并把他的故事撰写成书的这个缘分。

生活对李康宇和淑英来说极其不易，然而，也正是这些，让他们将生命最本质的东西，那些我们从不曾碰触过的东西，赤裸裸地放大在我们的面前。吃一顿饱饭、洗一次澡、牵一次手、轻轻的一个拥抱，所有我们习以为常、认为是理所当然的，在康宇和淑英的面前，都显得那么的奢侈。

然而，最触动我心弦的并不只是这些，我原本以为康宇会对命运的不公有些许抱怨，可是他却说："我非常珍惜我的生命，因为我喜欢活着，尽管我不能像常人一样做许多事情，但我已经非常感恩我所拥有的一切了。只要活着我就有机会看见阳光、憧憬未来。甚至，今天我拥有了属于我的爱情，因此我常说，只要活着，就可以有无限的可能……"

在 270 多天的创作过程中，我以第一人称陈述的方式，还原了康宇的人生故事，我希望在这真实而又深刻的故事中，能够使读者可以从更高的一个层面去理解生命、理解爱这个字的意义——假如，所有女人都在质疑爱情，那么淑英可以接纳康宇的一切，她如此地崇拜着、深爱着他，这真的让我们不得不重新理解爱情和婚姻的定义；假如，所有男人在爱与现实面前，都不再有勇气担当，那么作为一个"特殊"丈夫的康宇，具有如此强大的内心，让我们不得不重新理解责任和爱的定义。

正如康宇自己所说，他活出了生命的价值，这份价值也包含了用他的故事去影响更多的人，让更多人学会接纳自己和感恩生命。康宇的故事与生活紧密相连，甚至此时此刻，在写这篇引言的时候，我都可以感受到他那均匀的呼吸和淑英那朴实宁静的微笑……

目录
Contents

推荐序一 / 梁凯恩

推荐序二 / 许伯恺

推荐序三 / 陈霆远

引　言 / 韩谨鸽

第一部分　只要活着就有希望　　　001

> 他们给我拍了 X 光片，没过一会儿，有一名年轻的医生从里面走出来向我爸妈解释结果。医生对爸爸说："孩子的关节和骨头没有毛病的。"我爸听了觉得奇怪，加上夜里我常哭泣使他睡眠不好，所以他对医生的结论产生了很大的质疑："若没有问题，为什么孩子在夜里总是哭，而且还哭得很不正常？这不就表明他的胳膊和腿疼痛吗？这孩子的身体明明有问题，为什么你们检查不出来？"

唐山大地震　003
无法确诊的病因　007
活着，就是最好的报答　011

对学习充满渴望　014

抓住机会让自己成长　019

爸爸的爱　026

有尊严地活着　031

不放弃，才有希望　036

致命的打击　042

生死线上的挣扎　050

自学上网的日子　055

妈妈去世之后　059

第二部分　生命存在着无限的可能　　067

　　我除了说"再等一会，再等一会"没有更好的语言回答他们。因为此时我的心也很复杂，很纠结。如果我这位还没见面的女友还不出现，他们很可能在情急之下，开车就回来了。他们会说我上当了，被骗了。以后假如我再想请他们帮忙办事，就不容易了，他们可能不会相信我说的话。另外，假如淑英给我打电话，问我谁来接她，我就更不知要如何处理了。此时，我的心就像热锅上的蚂蚁一样，急得不知所措……

来自外国的知心网友　069

出乎意料的跨国恋　075

第一次与淑英相见　079

知道感恩，才会收获祝福　083

在焦虑和担忧中等待　088

面对压力，坚定不移　092

担心总是多余的　096

人会被精神感动　102

不离不弃的爱　107

相信产生奇迹　112

在信念的指引下　116

第三部分　去创造属于你的奇迹　　　121

虽然很疲倦，但躺在炕上的我还是按捺不住内心的喜悦，我手里一直拿着我们的结婚证，叹息道："这简直不可思议！我是不是在做梦啊？"我叫淑英掐一下我的脸，看看自己是不是在做梦。淑英来到我身边掐了我一下，我才敢确定这不是梦，一切都是真的……

困难面前不能退缩　123

坚持与收获　132

问题自会得到解决　137

贵人与恩典　145

做一个值得帮助的人　151

改变命运的机会 160

永远别说"不可能" 164

去创造属于你的奇迹 170

颜淑英心中的李康宇 175

结　　语 / 我的中国梦 179

后　　记 / 一位大叔写给李康宇的信 183

附　录　一 / 我的感恩和目标 187

附　录　二 / 让我们一起将爱心传递 197

第一部分

只要活着就有希望

他们给我拍了 X 光片，没过一会儿，有一名年轻的医生从里面走出来向我爸妈解释结果。医生对爸爸说："孩子的关节和骨头没有毛病的。"我爸听了觉得奇怪，加上夜里我常哭泣使他睡眠不好，所以他对医生的结论产生了很大的质疑："若没有问题，为什么孩子在夜里总是哭，而且还哭得很不正常？这不就表明他的胳膊和腿疼痛吗？这孩子的身体明明有问题，为什么你们检查不出来？"

唐山大地震

地震后，一名男孩被认定活埋在坍塌的建筑物中。因为地震发生时，母亲与男孩一起待在房子里面，母亲顺利逃出后，她发现自己身边竟然没有儿子，而房子已成为废墟。

于是，母亲在灾区附近的帐篷里面，四处寻找着儿子，却始终不见其人，但她一直相信自己的儿子还活着。

几天后，母亲穿过一片坍塌的房子，继续寻找着儿子。在一个短暂的瞬间，母亲听到儿子的呼救声，尽管当时现场的挖掘机发出巨大的声响。

"我知道我的儿子一定还活着！"母亲告诉每个人，她的儿子正在下面呼救，但没有人能帮忙。当更多的救援人员到来后，人们开始根据母亲提供的信息，一点点接近听到男孩呼救的地点。

救援人员努力地向下挖，直到看见男孩向搜救人员伸出的手，把他从水泥板之间的裂缝中拉了出来。男孩被埋了十天，严重脱水、意识模糊、身体虚弱到极点，但是他活了下来。

这是发生在海地大地震中的故事。当母亲握住男孩的手，那一刻，这份浓浓的母爱令所有人动容。而我的命运，虽与这个男孩不同，但我们都是因为母亲的爱，才得以从死神手中逃脱，延续了生命……

1975 年阴历三月初八，我出生在唐山市丰南区柳树圈镇的一个贫困的家庭里。我的家族世代都是农民，到了爸爸这一辈，因为社会的进步，加上爸爸对机械很感兴趣，在我出生后，他有幸到唐山市丰南区运输公司工作，成为了一名机械修理工。

1976 年 7 月 28 日，几个星期才回家一趟的爸爸和往常一样，准备骑着自行车回去看望妻子和孩子。在回家的路上，自行车的链条接二连三地出现故障，一直到临近傍晚，爸爸才彻底修好了自行车。

此时，天色已晚，加上明天还要上班，所以爸爸决定过几天再回去看望妻儿。

没想到，这半路坏了几次的自行车，竟让爸爸躲过了一场大灾难。爸爸住的宿舍距离家里有几十里路，地震发生的时候，他那里的房子没有倒塌，人也平安。次日清晨，爸爸赶紧骑着自行车往家赶，看看家人是否有逃过这次不幸。

当爸爸知道家人都安然无事，唯有失去了三女儿时，他很哀伤和难过，但是五个孩子只失去了一个，这在当时已经是莫大的幸运了。

听妈妈说，地震时的情景是这样的。

凌晨，妈妈搂着我吃奶，我依偎在妈妈的怀里睡着了。不久，妈妈在睡梦中感觉到房子在摇晃。妈妈意识到是地震，将有极大的灾难降临到我们的头上，在这关键的时刻，她唯有一个人承担义务，保护起她的 5 个孩子。

妈妈赶紧双膝跪起来，用她的身子把家里最幼小的孩子藏在身下。此时此刻，她宁愿牺牲自己的生命，也要保护她经过几次的生育的痛苦才生下的家中唯一可以传宗接代的男孩。

一瞬间房子倒塌了，妈妈被埋在废墟中。当群众将她救出来的时候，她的腰部和腿部都受了伤。男孩的性命保住了，这对妈妈来说，是最大的幸运。但不幸的是排行第三的女孩（8 岁）却在这次地震中遇难了。此后，我们家就剩下了三个女孩和一个最小的男孩，这个男孩就是我——我叫李康宇。

时隔多年后，妈妈时不时从柜子里拿出逝去女儿生前的 2 寸黑白照片，不由自主地流下惭愧和忧伤的眼泪……

地震结束了，但留下的是由四处传来的哭声，有人家失去了儿子、有人家失去了女儿、有人家失去了父母……听妈妈回忆说，那时很多房子倒塌了。据当时统计，这场地震中夺走了24万人的生命。

地震之后，爸爸回来待了几天，将妻儿安顿好后才放心回去工作。当时爸爸响应政府的号召，自己亲自搭起了简易房。那时的建筑材料很简单，就是用泥土建成的，房子十分简陋。震后连日阴雨绵绵，屋内很潮湿，也没有好的被褥，一岁半不到的我，就是在这样的环境里待了两年。而此间我的身体免疫力下降，加之缺乏营养，所以时不时就发高烧，最常见的反应是我总会在夜里很异常的被哭醒。

无法确诊的病因

地震后的第 3 年，我的身体渐渐出现病状。先是时常发烧，夜里时常因为身体疼痛哭个不停。这期间我开始学走路，此时父母又发现我和周围同龄孩子们走路的姿势不一样，总是一瘸一拐的。父母看到我的情况感觉不对劲，很担心，就带我去县医院做检查。医生也没有查出什么结果来，只是给了一些止痛药。吃了药之后，的确减轻了疼痛，但是到了夜里疼痛又开始了，而且后来这种疼痛越来越重。另外，我依然在夜里被疼得哭醒，而且哭得越来越厉害。

到了 5 岁的时候，我的病状再次加重，我突然不能走路了。父母意识到事情的严重性，便带我去所在地的县医院进行治疗。医院每天给我打点滴。大约 20 天后，病情算是有些好转，我又可以走路了，也就出院了。但回到家不久，病情又回到了原来的状态。

当时家境贫寒，家里没有条件经常带我去医院观察病情，所以就这样在家养着。当晴天有太阳的时候，我的病情稍好可以走路；但遇到阴雨天的时候，我又立刻发烧不能动弹。后来我爸爸经别人介绍找到了一位中医师，给我把脉和观察之后，认为我得的病是类风湿性关节炎。当时没有专业检验类风湿这种病的技术，只有靠中医把脉和观察身体来确诊。因此，家里也就照类风湿病开始给我治疗。

在我 6 岁的那年，上海一支医疗队，驻扎在唐山丰南区。爸爸曾带我去医疗队看病。看病的那天，医疗队的发电机坏了。我爸爸知道后主动给他们修理，因为这是他的专长。不一会儿，爸爸就修好了发电机，设备可以正常操作了。

医生给我拍了 X 光片，没过一会儿，有一名年轻的医生从里面走出来向我爸妈解释结果。医生对爸爸说："孩子的关节和骨头没有毛病的。"我爸爸听了觉得奇怪，因为夜里我常哭泣使他睡眠不好，所以他对医生的结论产生了很大的质疑："若没有问题，为什么孩子在夜里总是哭，而且还哭得很不正常？这不就表明他的胳膊和腿疼痛吗？这孩子的身体明明有问题，为什么你们检查不出来？"

这名年轻医生听了爸爸的话说："我们只是按照 X 光片出

来的报告判断病情，因为从 X 光片显示的确是没有发现任何的问题。若你不相信，我请我的老师给你看。若你听了还是不相信，那么你可以去大医院再做检查。"

医生说完就走了。又过一会儿，那位年轻的医生带来了一位年长的医生。这位年长的医生看完了 X 光片之后，说的话和刚才那位年轻医生一致。就这样，爸爸妈妈只好带着我和极大的无奈回了家……

在这之后，爸爸仍没有放弃，继续各地寻医问药。而我的病不但没有一点起色，反而在渐渐的加重。我接二连三地发烧。每次发烧后，我全身的关节都剧烈疼痛，而且两个膝关节和脚关节呈浮肿症状。

1982 年，我 7 岁了。爸爸意识到我的病情不能再拖延下去了，就托了一个熟人——在天津儿童医院当电工的亲戚，请他帮忙，让爸爸带我到他那里去看病。

我们来到天津儿童医院的内科，一名大约 40 多岁的女医生给我做了常规的检查，她用一个小锤子在我的各个关节敲了几下，用专业工具在我的各肌肉组织上来回划刺，做了神经是否正常的测试。检查完毕，女医生对爸爸妈妈说："这孩子的所有神经都是正常的，根据你们的表述，究竟是什么病因，目前我们也无法确诊，而且到目前为止，我们也不曾诊断过年龄这么小的类风湿病患者。只是按你说的，从表现上来说应该属于类风湿病，如果是此病的话，我们也没有更好的办法，只能保守治疗。"爸爸妈妈听完后，带着更大的无奈和低落的心情走出了医院的大门。我们没有一丝希望地踏上了回家的火车。

回家不到一个月的某一天早晨，我像往日一样醒来，但那天我感觉挥身发烫，全身无力。我想要坐起来，再扶着阳台慢慢站起来，可是我的腰、脊椎和颈椎特别疼，无论我怎么使力，尝试了很多办法依旧坐不起来。这时，在房子外面的妈妈看到我在挣扎，就跑过来慢慢地扶起我，让我靠在码在墙壁旁的被子上。到了第二天，我还是想极力地让自己坐起来，但还是不行。就这样，从那天起，我就再也没有和正常人一样站起来走出去看看外面的世界，一直到现在，已经32年了。

虽然我瘫痪了，可爸爸妈妈并没有放弃我，他们继续想办法给我治病。我也曾经在唐山人民医院和解放军驻唐255医院住院治疗，但无任何效果。期间，医生从静脉、耳朵，抽了好多次血做化验，而做了多少次青霉素皮试，我也记不清了。

爸爸看到我在医院里治疗无效，反而每天都要被疼痛折磨，最后决定带我回家。那是1984年的一天，我离开医院后，就再也没有踏进过医院的大门了。

活着，就是最好的报答

　　在家的时候，每隔 3 到 5 天，爸爸就会抽时间扶我起来锻炼走路。因为爸爸想到若我继续这样待下去，以后恐怕真的再也站不起来了。我知道爸爸这样做是出于爱和关心，但每次锻炼都会加重我的疼痛感。每次走上五六步，我就已疼痛难忍，泪水滴滴答答地往下落，我勉强自己继续走下去，一直让汗水和泪水铺满整个脸颊。爸爸看我实在太痛苦，他也很心痛，渐渐地也就放弃了，不再强迫我锻炼走路。

　　爸爸继续各地寻医问药，尝试用了各种药物和偏方来给我治病。有几名中医师给我把脉，开了中草药，也是按照类风湿关节炎来治疗的。当时母亲每天早晚两次给我喝用黑沙壶熬的汤药，每次都要喝一大碗。虽然买来了上百副中药，但对我的病症却丝毫没有疗效。母亲也熬碎了五六个药沙壶。中药那种苦味实在太难吃了，但我不想辜负母亲的劳苦，我咬紧牙根每次都逼自己喝完。我常发烧，吃不进食物，总是空腹喝汤药，我的身体出现了不良反应，后来一喝汤药就恶心呕吐。最后父母看到我这个样子也就不再让我喝汤药了。

　　一次爸爸从朋友口中听说有偏方能治类风湿病，他决定试试看。他找来了虎骨炮制白酒，后来又有一个朋友的亲戚从西藏带回来了雪莲花，爸爸依旧拿来炮制白酒。不到 10 岁的我，"被逼"要喝白酒，而且还是高浓度的白酒，有好几回都把我辣的龇牙咧嘴，难以下咽。大概喝了两个多月，一点都不起作用，最后只好买一些止疼药麻醉神经来维持着，吃过的各种药有进口的，有国产的。当时是 20 世纪 80 年代初，所吃的药都是医治类风湿病最好的药了。由于药物特别的昂贵，也有副作用，毒性也很大，后来爸爸就给我买廉价的消炎药。这种药我吃了 20 多年，有一定的负作用，吃多了会损害肠胃、肝、脾、肾。然而，每年春季和秋季，身体特别疼痛和犯病的时候，我会加大药量控制疼痛。

　　1997 年的某一天，我突然开始尿血，紧接着每次都是红红的颜色。母亲当时很害怕，就叫了当地的一个乡医来给我看病。他详细询问了我平时都吃什么药物，说很可能是我长期大量服用止疼药刺激肾导致肾出血，所以会有血尿。他还叫妈妈赶快把我的尿拿到医院去化验，看看究竟是怎么回事。过了几天，化验结果证明尿中有大量的红血球。我不想生命就这样结束，以后我就强忍着疼痛停止服用这类止痛药。那位乡医每天来我家给我输消炎液，一周后终于停止了尿血。至今我只要多吃一些止疼药，很快就会尿血。因此我自己也会特别注意我的健康和饮食，我成为了自己最好的医生。

时间一天一天过去，我的腿、我的胳膊也渐渐地变得越来越僵硬。从可以靠着被子和枕头坐着，到后来脊椎和颈椎变得僵直再也坐不起来，最后只能完全的躺着直到今日。

虽然我被病魔折磨了这么多年，但是我从不抱怨上天，更不抱怨我的父母，我认为，我应该好好地珍惜生命，好好的活出一个精彩又无悔的人生。另外，我知道我能来到这个世界是爸爸妈妈最大的欣慰和期盼。在我之上有四个姐姐，但对于当时的农民来说，总是有着重男轻女的传统观念，所以父母都一直期盼有个男孩。而我是他们的希望。尽管我这样，为了他们对我的爱和养育之恩，我认为自己一定要坚强地活下去，不辜负他们。

我知道，只要我好好地活着，就是对爸爸妈妈最好的报答。

对学习充满渴望

在我 6 岁的时候，当我看到邻居家的孩子和自己的姐姐们每天都去上学，尤其是邻居家的孩子放学回来时那种神气、开心的样子，还可以一边走一边玩耍，真的让我非常羡慕。那段时间我每天都会早早起来，看着小朋友们高高兴兴地背着小书包上学；下午我又会在家里等着他们放学，因为邻居家的孩子放学后吃饱饭就会过来陪我玩耍一会儿。

我每天就是这样羡慕和期待着。虽然我那个时候不明白上学会对未来有什么帮助，也不知道学会什么内容对人生很重要，但是我觉得好玩。最后我常常按捺不住自己心里的渴慕，多次哭泣地求妈妈让我和他们一样可以去学校读书。妈妈总是回答说："你在生病，不方便去上学。等你病好了，妈妈一定带你去学校。"

我自己知道，我的病可能还要一段时间才会好呢。但是我心里却是极度的渴望可以像周围的同龄孩子一样去学校读书。后来妈妈和爸爸商量我的事。爸爸也不支持我去上学，担心我的病。但爸爸对妈妈说："不如你带着他去学校问问，若学校愿意接受他，那么我们就让他去读书吧！"当天晚上妈妈告诉我明天带我去学校。我听了非常的高兴，期待很久的这一天终于到来了……

早上妈妈拉着我的手，一起去学校。当时学校距离我家大概有一里多路。这是我第一次踏进校门，心里非常激动。那时学校的墙壁是砖垒成的，房盖是瓦砌成的，因为这是 1976 年地震后建的新学校。妈妈找了一位老师，正巧她在教书，她请我们在外稍等片刻。我在教室外面看到我的同龄者在读书，期盼自己也能够加入其中。学校课间休息的时候，那位老师请妈妈和我一起到休息室详谈。妈妈就将我的实况告诉了老师。老师看着一瘸一拐的我，对妈妈说："对不起，你家孩子有病，腿脚又不好，我们这里不方便收他为学生。你看看，孩子们都很淘气，万一不小心碰到你的孩子，我们也很难交代。还是等孩子病好了再来上学吧！即使是一两年的时间，到时我们也是一样欢迎他。"

那个时代还没有幼儿园的学前教育制度，没有小班、中班、大班的教育制度，有的只是育红班，不分年龄和阶段。有些孩子10岁了，家长才送他们来读育红班，读完一年后的育红班就可以进入小学一年级了。

　　妈妈听完后，也同意了老师的建议。然而，我却非常生那位老师的气，因为我极度渴望上学，难得妈妈在我多番的苦求之后，终于答应让我去学校，却遭到学校的拒绝。我非常失望和难过。和妈妈离开学校的时候，我非常愤怒，我没有让妈妈牵着我的手，而是靠自己一瘸一拐地慢慢地挪回家。回到家我的气还没消，生气不和妈妈说话。妈妈看到我这个样子，她也不耐烦地以我的病为由说了好多话，给我施加压力。我看到妈妈发火了，就安静了下来，不和她吵了。

　　对于一个6岁的孩子来说，当时我真的不明白，为什么生病就不能上学？为什么我不能像其他孩子一样呢？我心里非常难过，但这又能怎样呢？时隔多年，当我渐渐长大后，才明白他们的做法是对的。妈妈是那么细心地关爱我、保护我；我也感恩那位老师是一个有责任心的人。

　　从学校回来后的几天，我还是闷闷不乐。我的脑海里时不时就出现邻居家的孩子背着书包高高兴兴上学的画面，以及那天我在学校里看到他们上下课活泼欢快的样子。无论是躺在炕上，或是坐着，我都会想着这些画面，非常的憧憬。有一天，我感到自己身体不是那么疼痛，比较有力气，就趁妈妈忙着的时候，自己偷偷地去了学校。我费了好大的力气来到课室旁，隔着窗户，看着小朋友们在读书，其中也包括我的三姐在内（原本排行第四的姐姐，但因为排行第三的姐姐在唐山大地震中遇难，就将四姐称为三姐）。不大一会儿下课了，三姐和其他小朋友们都蜂拥而出。就在这个时候，三姐的一位同学认出了我。她赶紧去告诉三姐，说："你弟弟来了。"三姐急速地来到我跟前，问道："你怎么来啦？你怎么来啦？"我看到她很不高兴的样子。不一会儿，她的泪水就流了下来。那时我就深深地感觉到姐姐觉得自己有一个残疾的弟弟是一件很羞愧的事。她不想在这么多人面前见到我，她说："快回去，快回去，以后不要再来了！"我很无奈地一瘸一拐地走回家了。

回到家我反复思想刚刚姐姐和我发生的事。放学后，三姐把今天我去学校的事告诉了妈妈。妈妈很生气，对我批评了一番："以后不准自己再去学校了。现在你还在生病，身体不好，等好了妈妈一定带你去学校。"但是在家里待着的时候，小朋友在学校里上学的样子就会不由自主地出现在我的脑海里。每次看到这些画面，我就非常的羡慕、渴望和渴求。其中一个原因也许是我感到很孤单，因为在家里除了爸爸妈妈会陪陪我之外，三个姐姐很少理我，邻居们的孩子只有放学后才过来陪我玩一会儿，但也不是天天都会来。所以我大部分的时间都是自己一个人，总觉得很孤单。但是假如我可以去学校的话，那里有很多小朋友，我就不是一个人了。

过了几天，我又按捺不住自己的思念，不由自主地第二次去了学校。这次我也是偷偷地在窗户外看小朋友上课。我看到小朋友们在背课文，之后老师拿着粉笔一边画一边讲。我心里特别开心，仿佛自己也坐在那里一样和其他小朋友一起学习。当我很陶醉在这种情景里的时候，我被小朋友的喧闹声"吵醒"了。哦，原来他们下课了。我就站在原地看着这些小朋友，我觉得自己和他们距离很近。我三姐的同学又告诉她："你的弟弟又来啦！"姐姐一回头看到我的时候，飞快地跑到我身旁，说了几句话，泪水又流了出来。这次三姐带着加重的语气拒绝我，让我赶紧回家，不要在这里待着。其实我在那里并没有听到别人说什么，反而是三姐表现出非常强烈地不满。那时我不明白，为什么比我大三岁的姐姐要赶我离开学校，到底我做错了什么？在她不断地催我回家的同时，她还在哭泣，我也只好很不甘心地又一瘸一拐地离开了学校。

回到家，我躺在炕上，和上次一样继续反复地思考刚才所发生的一切。从三姐的眼神里，我感觉到她在排斥我。我不明白姐姐为什么要这样对我，她应该很高兴看到我来学校，并带我去走走玩玩才对呀！因为两次遭到姐姐强烈的拒绝，我感到非常失望，内心很受刺激，从此我再也没有踏进学校的大门了。

抓住机会让自己成长

后来我的病情渐渐严重，完全不能走路了。当我瘫痪卧床后，我更加感到孤寂，因为我再也不能走出屋子，慢慢与小伙伴们渐渐失去了接触。只有离我家最近的一两个邻居家的孩子偶尔在星期天会来找我玩一会儿。平时爸爸去工作，妈妈忙家务，其余的时间就陪伴我。大姐和二姐比我大十几岁，她俩在读中学时就辍学了，开始下地劳动。

平时大姐和二姐都去干活，加上可能年龄差距太大了，她们和我没有什么共同的语言，极少和我说话。而三姐呢，她有自己的同学，更不会和我一起玩了。每一天我就这样无所事事的一个人待着，吃饱了就睡，睡醒了又吃。从日出等着日落，再从黑夜等到天亮。

爸爸看到我寂寞低落的心情，也很难过。虽然那时生活条件不是很好，但爸爸还是很愿意花钱给我买一些玩具，让我可以打发时间。我还记得当爸爸把玩具枪和手推铁皮玩具车放在我的面前时，我开心地不得了。有了这些玩具，我不再感到孤单。虽然只是很简单的玩具，但我却可以自己玩得不亦乐乎，爱不释手。除了吃饭和睡觉之外，其余时间我手里都拿着这些玩具。后来邻居家的小朋友知道我有这些玩具，也常常来找我玩。那段时间我感到非常开心。有好几次，他们不小心把我的玩具弄坏了，爸爸知道后，还是很愿意给我买新的。买了几回，妈妈就阻止不让爸爸再浪费钱了。

在我 8 岁的时候，爸爸看我还是很想读书，也喜欢学习，就给我买了三本《三国演义》小人书。那时，我一个字都不认识，根本看不懂故事情节，只是看看图画里的人物和他们舞刀弄枪的样子。虽然只是这样，但是我却很喜欢看，几乎每一天都将小人书翻阅几十遍，也不会感到厌倦。偶尔爸爸有空的时候，他就会拿来小人书读给我听，让我更明白故事里的情节。爸爸看我喜欢看书，也很开心，连续三年里他给我买了将近 50 本小人书。其中有《水浒传》、《西游记》、《平原枪声》、《敌后武工队》、《霍元甲》等。这些书就这样陪伴我度过了三年。只是很可惜，如今这些小人书我都已经没有了，因为它们被我翻阅的很破旧，后来妈妈就随手给扔掉了。现在回想起来真的感到很可惜，这些小人书如果留住现在都成了珍藏品。

爸爸给我买过的电视机和小人书

　　我的病虽然没有好转，但我还是坚强地一天又一天地活着。爸爸看到我每天待在屋里，不能出去，时间久了会和外界脱节，便想出一个法子让我可以接触外界的事物。1985年的冬天，爸爸用储蓄的钱给我在本地供销社买了一台十四英寸的黑白电视机。在那个年代，没有多少户农村家庭可以买得起电视机呢！我深深感受到爸爸对我的爱。尽管信号很差，只能接收到中央一台和天津电视台的一些节目。但自从有了电视机作我的良伴，我每天的生活也变得充实多了，人也感到非常快乐。

　　白天的时候，我就收听收音机广播，有新闻、有歌曲等。每天早上8点到8点半有"评书"节目，这是我当时最喜欢听的广播，由单田芳老师播讲，主要是讲述中国历史中发生过的故事，其中包括清朝时代的故事、"隋唐演义"的故事等。到了晚上的时候，也是我们家人团聚的时刻，大家都兴奋地坐在一起看电视节目。而我呢，就躺在炕上，一看就看到半夜，直到没有节目播出为止。

那时候电视台已经有播出日本动画片"聪明的一休"和美国动画片"米老鼠和唐老鸭"了，也有香港的武侠片，如"萍踪侠影录"等。但我看新闻报道最多，因为可以了解很多新事物。另外就是赵忠祥老师主持的动物世界，以及已经逝世的罗京是我最熟悉的央视播音员和主持人之一。后来还有电视歌手比赛、京剧演出节目等等，内容非常丰富。就这样电视节目成为了我的启蒙老师，不但教给我很多知识，还让我学会了识字。那时候的电视节目都会有字幕备注，我就是看着这些字幕，渐渐地开始一点点识字，完全靠我的记忆力记住它们。

虽然我的姐姐们都上过学，但她们从来不曾教过我读书写字，而且她们也很少和我接触。有人建议我爸爸，给我请一个家庭教师教我读书写字，但那时候，我经常病痛缠身，爸妈也就没有心思给我找家庭教师了。另外爸妈的学习意识不强，认为没有这个必要，所以我就一直没有学习的机会。直到有了电视机，我觉得这是我学习的机会，所以我就靠自己的努力地去记忆这些字。

我还记得，1987 年，天津电视台每天中午 12 点播出 10

分钟的"一日一字"节目，是一位语文教授讲解每个字和成语的含义。这对我来说真是个难得的好机遇。我就天天在中午前，让爸爸或妈妈事先调到该节目频道。一到 12 点，我就很认真和专注地听讲。节目播完后，我就自己重复念刚才学到的字。就这样我渐渐认识的字也多了。只可惜这节目大概播出了一个多月就不再播出了。那时我还天天期待守候了 10 多天呢！但每次都感到很失落。虽然有时候我听得不是很明白，因为当时对我而言，有些字的确很难吸收，但我却从中认识了很多简单的字，还懂得了很多成语的意思，如相濡以沫、恩重如山等。从中我也学会了做人的道理。

看电视节目除了了解到很多事物，我还通过看电视获得过一份精美的礼物呢！记得有几次我看到电视里不断重复介绍电子琴，广告里的小朋友弹奏电子琴时很开心，我非常羡慕，就心动了。几天之后，电子琴越来越吸引我，于是我鼓起勇气向爸爸提出我想拥有一台电子琴的想法。爸爸也注意到这个广告，他动心了，并认为若我有台电子琴我就多了一项娱乐，我一定会很开心。但坐在一旁的妈妈听到了，反对说："孩子玩一会可能就弄坏了，到时又要扔了。不要浪费钱啦！"我听了感到非常失望。后来几天妈妈看我一直为这事不高兴，最后她也同意了。大概过了一周，爸爸因为有事要忙，就委托二姐去唐山百货大楼给我买了一台上海产的家乐牌电子琴，一共花了人民币138 元。

当爸爸将这份礼物送给我的时候，我特别的开心，几乎不允许任何人去碰它，因为我知道这台电子琴太贵重了，相当于当时一户农村家庭一个月的开销呢！我很精心地爱护这台电子琴，每次用之前我都会先用报纸或卫生纸擦一遍，用完后再擦一遍，然后小心翼翼地放回盒子里。后来邻居家的小朋友知道我有电子琴都感到很好奇，常常到我家要和我玩，但是我都不愿意与他们共享这台电子琴。渐渐地我发现他们很少来找我了。为了让他们陪我玩，最后我还是忍痛割爱，拿出电子琴给他们玩。每一次我都会提醒他们要小心玩，不要弄坏了。

爸爸看我这么热衷于电子琴，后来他给我买了一本歌书，里面有乐谱。我就自己看着这些乐谱学弹。开始弹出来的音符自己也听不懂，后来经过不断地努力终于弹出音调了。在众多歌曲中，我学会了两首当时很流行的歌曲，那就是"十五的月亮"和"血染的风采"。这两首歌曲是反映中越战争时期颂扬老山前线战斗英雄的歌曲。当时我也很喜欢听，还学唱呢！

日后，我继续看电视播音员说讲歌词、戏词，为学习识字增添途径。就这样我认识的字也越来越多了，渐渐的我自己也可以看懂"小人书"了。到了1990年以后，我已经可以读"天津电视报"和"唐山电视报"了，甚至杂志里的故事，我基本上也都能读懂了。记得在1993年，我认识的字越来越多，于是我就让爸妈给我买小说看。那时候人们都喜欢看台湾琼瑶写的小说和香港金庸写的书，而我却喜欢看战争和军事题材方面的读物。除了爸妈给我买书，我也向邻居们借书来看。那段时间我觉得生活过得很充实，很有意义。我就是这样坚持着，年复一年，日复一日，一点一滴，一日一字的自习，认识了基本的常用字。

另外，在电视节目主持人和播音员的讲话中，我还学会了说普通话。若不是通过电视节目接触外界，我可能至今只会用浓郁的唐山话说话呢！那时候我是刻意跟着播音员学说普通话的，没想到我当时的执着，却为我的未来铺了路，不然我就不能和现今的爱人沟通了。我从小至大热衷于新闻，几乎每天都不耽误看新闻节目，至今我仍喜欢看播音员那种庄严朗读的风格。

爸爸的爱

1982年的夏天，天气非常炎热，每天卧床的我，大概一个星期才可以洗一次澡，结果身体不通风，全身都出了痱子。我还记得，我的脸、脖子、胳膊、肚子、大腿和背后都长满了痱子，把我痒得受不了。爸爸看到我这样，就想到我需要一台电风扇，这样我即使躺着，身体也可以保持凉爽。

爸爸和妈妈商量给我买个电风扇，但平日节俭过日子的妈妈不支持。后来过了几天，爸爸瞒着妈妈到供销社给我买了一台用铁做成的电风扇。它非常沉重，将近十来斤，直径30多厘米，高40多厘米。

爸爸买这个电风扇一共花了125元，但他不敢告诉妈妈实价，就骗妈妈说花了90块8角钱买的，因为对当时的农民来说，125元是整个家庭一个多月的开销。之前我从没看过这样的电风扇，以前我记得在天津医院里看病的时候见过吊式的风扇。后来，邻居们纷纷知道我们家有电风扇，有的出于好奇就常到我家待着。在那个时代，对于农民来说，买电风扇可算是奢侈品了。若不是我瘫痪在床，不能行动，身上又出痱子的话，爸爸也不会买电风扇呢！我深刻地记得，那时候几乎常常都有小朋友来找我，他们一边吹着风，一边看着电风扇，仿佛就在看电视节目一样，目不转睛，嘻嘻傻笑，觉得好奇又新鲜。那时我觉得很开心很热闹，因为有时候人多的话，会有四五个小朋友一起来找我玩！现在我回忆起这事的时候，感到很心疼，因为妈妈在2000年后已经将这台电风扇卖给收破烂的人了。如今电风扇虽然不在了，但关于电风扇发生的每一个细节却永远印在我的心里，成为我永远的怀念。

1985年的某一个夏天，爸爸喝了很多酒，心情特别的愉快，和妈妈有说有笑，真是难得的一天。过去爸爸和妈妈没说上几句话，就会意见不合，然后吵起架来，所以他们也就很少说话。那天我在房间里看到他们夫妻俩这么和睦，心里非常高兴。爸爸突然对我说："我最近看到有人在脖子上挂个照相机，走在街上问人是否要照相。拍完后，过几天就会将洗出来的照片送到指定的地址去。现在我们可以不用去照相馆就可以拍照了。"

那时摄影业在农村还不发达，洗出来的照片都是黑白照。

在我所住的镇上，只有一家照相馆，但还不是很繁荣。爸爸接着继续地说："爸爸给你买一架照相机，你要不要？"当时我的好奇心涌上心头，耳朵"嗡"的一声，我高兴地问爸爸："真的吗？爸你给我买！给我买！"爸爸看到我这么的兴奋，他也笑了。

爸爸给我买过的玩具、电风扇和相机

这件事让我喜出望外，兴奋得发抖，整晚开心得睡不着。后来我等了2天，都还没有看见照相机在我面前出现。于是我就问爸爸："爸，你说要给我买一架照相机，你还买不买？"爸爸看着我说："你真的想要照相机啊？"我立刻回话："是啊，你不是说给我买的吗？"那时我纯粹只是感到好奇，不知道照相机是什么模样的，是怎样一个玩具。

大概过了一个星期，爸爸在运输物资的时候，经过卖照相机的店，就买了一架照相机给我，花了不到 90 元。那天回到家，爸爸递给我一个盒子，说："这就是给你买的照相机。"我兴奋不已，立即打开盒子，将相机拿出来："哇！好精美喔！"

这是国产红梅牌的相机，外观是黑色的，镜头在前面。从上面打开盖子，低着头就可以拍照了。盖子上还带有一个红梅花的标志牌。相机可以挂在脖子上，这样拍照的时候就可以保持它的稳定度。连续几天我就学着操作相机。后来，邻居家的孩子们听到我有相机了，又蜂拥地来到我家。

我只是拿出相机给他们看而已，不允许他们摸和玩，因为我知道这相机太珍贵了。过了几天，爸爸给我买了胶卷，我就试着给小朋友们拍照。一个胶卷大概可以拍 20 来张照片。拍完后，爸爸就拿着胶卷到镇上唯一一家的照相馆去洗照片。我和小朋友们都很期待看照片。照片拿回来后，看到这些照片我都笑了，因为有一大半的照片都没有人影。原来我拍照的时候，没有调好相机，因为它的操作非常复杂，这真是一种考验人技巧的玩意儿。

过了些日子，有些小朋友向我借相机，但我不愿意借给他们，害怕他们使用不好弄坏了。后来，爸爸的朋友也来借相机，我就借给他们了。有一次，我把相机借给爸爸的一位朋友，当他还回来的时候，我发现盖子被摔坏了，但爸爸也没说什么。我却感到很心痛，事后又过了好几年，我的大姐夫看到这架相机，他向我要，我就给他了。

如今回想起这件事，觉得有点奇怪，为什么爸爸想到要给我买照相机呢？那时我才10来岁，照相机对我来说有没有无所谓，因为我根本不会操作。对我来说，它只是我的又一个玩具而已。若爸爸送我一部电动玩具车对我可能会更加合适呢！

在过去的日子里，病痛从未离开我。然而爸妈也没有放弃我这个儿子，还在物质上给予我满足，让我快乐，减轻我的痛苦和孤单。20世纪70年代，对于收入较低的农民来说，这些电子产品（电风扇、相机、电视机、电子琴）简直就是奢侈品，因为这笔钱可以养活一家人好几个月。现在回忆起来，在这些事情上，我深深感受到爸爸对我的爱与关怀，他在我的童年里给我留下了终生难忘的美好回忆。我真的感谢爸爸，他已经尽足了作为一个父亲的责任。

有尊严地活着

1985 年，爸爸原本在运输公司工作，但公司解体了，所以爸爸就在我们自己家乡柳树圈镇的农机站开拖拉机。后来，爸爸想增加收入，多挣些钱给我医病，决定在自己的专业里试一试，于是他找了一位合伙人（他比爸爸小 10 多岁）作为助理司机。爸爸就这样开始了运输事业。

那时爸爸决定买一辆拖拉机，以便日后在本地人需要盖房子时，可以运载各种物资或建筑材料。但是，买一辆新的拖拉机需要 2 万多元，这在当时是很大的数目。爸爸到农业银行的信用社贷款。意想不到的是，爸爸很快将这笔 2 万元贷款批下来了。

爸爸当年开的拖拉机

爸爸拿了钱买了一辆天津产的 55 型铁牛牌拖拉机。这拖拉机又大又高，全长有 12 米。在那个年代，买这样的车真是不容易，邻居们非常羡慕。爸爸常被人夸奖，说他是一个很有能力的人。自从爸爸买了拖拉机做运输的事业后，我们的生活也慢慢好了起来。不到一年的时间，爸爸还清了 2 万元的贷款。虽然是这样，但妈妈依然很节俭地过日子。平日我们还是吃自己院子里种的蔬菜（萝卜、豆角、黄瓜、小葱、生菜、大白菜），只有在特别节日，如春节、端午节、中秋节或来客人的时候，我们才吃鱼或肉。因此我一直都缺乏营养，身体也越来越虚弱。

自从爸爸买了大拖车搞运输之后，随着业务越来越多，他就想给家里安装电话。于是很快就叫来了本镇电话站的技术人员把电话装好了。这是我们全庄三个村子里第一部家用电话，找爸爸运送物资的人接二连三的打电话来。爸爸出车之前，就把电话机放在我身旁让我接手业务。那时我很乐意做这件事。

好像我又多了一个玩具（哈哈），但后来本地村民三天两头地来我家给亲戚朋友打电话，我那时觉得挺烦的。爸爸知道了对我说，人们来用电话那是看得起咱们，千万别说什么给人家脸色看。

爸爸是很热心的人，他的话让我懂得了做人的道理。后来爸爸把拖拉机卖了，电话用途就不大了，不久爸爸便把电话机拆下，送给了当地的一个长辈，他准备开批发部联系业务时用。

在80年代中期，爸爸算是第一批提前致富的带头人，后来也被称为是万元户或暴发户。因此爸爸还获得由唐山市交通局颁发的奖状。奖状里有局长亲笔题词：李继英同志，于1986年解放思想提前致富，被评为先进运输专业户。还写了8个大字："勤劳致富，再创丰收。"当时还是局长亲自颁发的这个奖状！那时这事也很轰动。爸爸也渐渐地在当地有了影响力，认识他的人也越来越多了。镇上的人都很钦佩和尊敬他。后来爸爸去世后，妈妈说，每当看见这个奖状就会想起爸爸，心里很难受，于是把它给烧了。如今回想起这件事，觉得真的是太可惜了，不然这奖状还可以成为永远的纪念，成为爸爸留给我的宝贵遗物。

1987年的某一天，爸爸的助理司机说，他不干了，他要改行。爸爸只有自己开拖拉机了，但是那时做运输工作实在很累，一天可能要往返唐山市区一带好几个来回，甚至有时还运输到迁西、丰润、陡河或天津市。无论是白天或黑夜，爸爸一个人筋疲力尽开着拖拉机，他也不愿再找合伙人了。爸爸本是一个乐于助人的人，有时候他遇到一些家境贫困的人，不但免费运输物资，甚至还自己赔上沙石的本钱，妈妈为此事常和爸爸吵架！

有几次爸爸在路上开着拖拉机的时候，看到路旁有小朋友在玩耍、奔跑，他就会不由自主地想起自己家中躺在炕上的儿子。这种画面好多次不断地重复出现。后来，爸爸和妈妈商量，他想要改行，因为他担心自己驾车，万一不留神撞上路旁跑来跑去的孩子，那就危险了。起初妈妈并不支持，后来爸爸不断提出此事，妈妈也就答应了。于是爸爸将心爱的拖拉机卖掉了，经营了两年的运输事业就这样结束了。过了些日子，爸爸到本镇修造站工作了一段时间，主要是修理机械，这也是爸爸的本行。

1990年，我三姐初中辍学，一直没有找到合适的工作。于是爸爸有了个想法，自己做生意，让女儿也可以帮忙。开始时，爸爸租了一块地基，用复合板搭建了房子，在那里卖农机配件，让三姐帮忙顾店卖货。过了一年多，爸爸就在镇上的商业街花了七八千元买了一块地基，盖了2间平房；前面当店铺做生意用，后面可以用来居住。爸爸除了开店卖农机配件，还在门市的外面给人修车。

那段时间，妈妈每天早晨吃过早餐后，就会去店铺帮三姐忙，留下我一个人在家。我常感到很孤单，身边找不到人说话，唯有自己看看书、听广播、看电视节目，或者自己玩玩具来打发时间。到了午饭时间,爸爸会回来给我做饭。假如爸爸没空,妈妈就会回来做饭。等到晚上,妈妈和姐姐才回来,而爸爸就待在店铺里过夜,以防被盗。除此,爸爸也负责进货。每次配件要卖完的时候,爸爸就会列出名单,到市里去上货。日子久了,三姐也熟悉这些配件的名称,她也会帮忙列出清单给爸爸,让他去进货。

开始的几年,爸爸还给人修车。后来一些年轻人不但不懂得尊重人,还说脏话。爸爸生气之下,就不再修车了。当爸爸做出这个决定后,还和三姐发生了争执。三姐埋怨爸爸不修车,生意少,因为过去爸爸给人修车的时候,就会用自己家所卖的配件,但最终爸爸还是执意不干了。

不放弃，才有希望

在我童年的回忆里，爸妈除了用心照顾我、疼爱我，给我买玩具、小人书、电风扇、电子琴……也在我幼小的心灵蒙上了一层难以涂抹的阴影，使我的精神和心理受到了极大的摧残。这就是自从爸妈看到我的病情不断加重，他们就开始对我不再抱有希望。我知道，那时他们几乎天天处在消极和悲痛之中，还要面对外来的压力。后来，爸爸开始渐渐的沉默寡言、很自卑，时常在我面前痛苦的哇哇大哭。从爸爸的沮丧中，我懂得了一个男人的软弱……

同时，由于爸爸性格刚烈，脾气也变得越来越暴躁。他常常和妈妈吵架，而且越吵越厉害。开始从八九天缩短到两三天吵一次；从小吵小闹变成大吵大闹。他们每次吵架我都会成为第一位观众，目睹整个过程。虽然我不喜欢他们争吵，但我也很无奈，我没有办法离开现场，唯有躺在那里，闭上眼睛。那个时候，我常拿着妈妈做的棉垫子把脸捂上，不想看到那一幕又一幕可怕的情景。

妈妈是20世纪30年代出生的人，她没有上过学，是个文盲。她既不会劝人，也不懂得忍让。许多时候，当爸爸和她商量一些事情的时候，他们俩总是说不到一起，不久就开始争吵起来。有时候，他们也会为一点小事而闹得翻天覆地，让街坊邻居们看了当作茶余饭后的话题。有时候，他们也会为了给我买药而大吵一番，就好像爸爸听到有人说这个药可以治我的病，他就会想给我买来试一试，但是妈妈就会说很多不支持的话，结果把爸爸惹怒了。

当我目睹了很多这样的事情之后，也没有心情要治病了。1985年，我从255医院出来后，就不想他们继续为我的病吵架，所以我放弃了治疗，不想去看病。我做出这种决定也是不得已，因为我宁愿用我生病来换取他们夫妻的和睦，以及家庭的和谐。

1991年的某一个下午，家里来了一位爸爸的老朋友。爸爸便做了几道小菜，摆上桌子，放在我身边，我也跟着他们一起吃饭。爸爸和朋友一边吃饭，一边喝酒，有说有笑的，真的很开心。吃到一半的时候，妈妈回来了。妈妈看到爸爸在家里陪老朋友喝酒，却没有到店里修车，就很生气，但当时也没说什么。妈妈不想打扰我们吃饭，她自己到院子里摘了一些生菜，拌凉菜来吃。此时爸爸隔着窗户看到了妈妈，就叫她也做一碗给我们。结果妈妈很不满意地说了几句话，爸爸也很不高兴地说："我不吃了，不用做啦！"妈妈听了火上心头，就走进房间来跟爸爸理论。为了这一点小事，爸妈又吵了起来。

开始的时候，两人谁也不肯让步，各说各的理。后来爸爸可能是因为有朋友在场，觉得妈妈没有给他面子，恼羞成怒，抄起桌子上的一瓶啤酒准备砸向妈妈。我一看事态不好，赶快伸手抓住了酒瓶。此时的妈妈还不让步，继续辩理；而我却和爸爸来回地争夺酒瓶。我口中叫着："爸爸，别打了！妈妈，别再说了！爸爸，难道我们不过日子了吗？"爸爸恶狠狠的大声回答我："不过了！"此时，我如何劝说，他们都无动于衷，但我没有松手，依然叫着爸爸妈妈，苦苦地哀求他们！就这样，我和爸爸一人一半啤酒瓶，争夺了有数分钟，爸爸可能心软了，终于松开了手。当我放下酒瓶时，才发现我的左手在与爸爸争夺酒瓶的时候，因不停地扭转像开了花一样，破裂的伤口鲜血直流……

爸妈每次争吵时，从来没有顾及我的感受，也不会回避，就直接在我面前上演着一幕又一幕让我非常痛苦的事情。尽管我还是一个孩子。一个在发育、在成长，在准备进入青春期的孩子。原本我是快乐的，但疾病带给我痛苦，原本我是幸福的，但家庭时常带给我悲伤。

在爸爸生气的时候，偶尔就会把桌子打翻在地。我已经记不清楚在吵架中，一共摔碎了多少个盘子、饭碗，多少个酒瓶了。后来爸爸还演变成以喝农药的方式来威胁妈妈。无论街坊邻居如何劝架，都不能减少他们的争吵。每当想起这些事，我就觉得他们对我是一种摧残，将一切的不满加在我的痛苦上。所谓家丑不可外扬，这事让我感到很羞愧。当我受了这么大的创伤和刺激，我的精神仿佛都要崩溃了，然而我却找不到一位可以倾诉的对象，只能自己默默地在承受。我身边最亲的人就是我的爸妈，这些事都是由他们引起的，但我又怎么可以向他们诉说或埋怨呢，这岂不是在伤口上撒盐吗？

在那些日子里，我产生了极度的恐惧感。我希望天天 24 小时只有夜晚，没有白天，因为黑夜对我来说是安宁的，而白天却是灾难的开始。每当到了夜晚，家人都入睡了，我就一个人躺在炕上，透过窗口，双眼望着星空，一个人静静的想起白天发生的一切。回忆着爸妈吵架的情景，爸爸凶狠、可怕的样子，妈妈却是嘴里不停地唠叨，让人听了感到厌烦。

有时候我脑子里也不断出现很多问题：

"为什么我会来到这种家庭？"

"为什么我来到这个悲惨而不属于我的世界呢？"

"为什么我的爸爸妈妈不能彼此相爱、彼此尊重，和睦的一起生活呢？"

"来一次世界这么不容易，难道我就是要这样活一辈子吗？"

"到底我的生存可以为这个世界做些什么呢？"

"到底我要如何才能摆脱这种痛苦呢？"

"若真的有上帝的存在，可不可以派一个天使来拯救我，将我带离这个逆境？"

在夜晚，我就这样一个人，孤单、痛苦地流着泪，慢慢地睡着了。在梦里，我又看见一场一场恐怖的悲剧重演在我面前。很多个夜晚我都是被惊醒，之后便久久无法入眠。我就这样在痛苦中求生，苦苦地挣扎着，煎熬般面对每一天。埋藏在心底的心酸和痛苦也就只有我自己最清楚。

这种心灵的伤痕可能永远不能在我身上愈合；这种悲伤痛苦的烙印可能永远也不能从我身上掉落，但我依然渴望拥有一个健全人所应有的一切，为此我苦苦地向上天祈望。我是多么的希望有一种灵丹妙药，能治好我的顽疾，让我可以和同龄人一起踏进校园。我一直期盼早日康复，去学校学习，将来考上一所理想的大学。毕业后，成为社会上有用的人，报效国家、孝顺父母……虽然这一切美好的愿望都是渺不可及的梦，但是我心里是多么的渴望，假如世上真的有天使为我在折断的翅膀上，插上一双新生、飞天的羽翼，那么我就可以奔向大自然，摸一摸绿色田野、听一听鸟儿鸣叫、看一看鱼儿游泳、游一游清澈的湖水、望一望蓝天白云……

　　我日复一日、年复一年历经沧桑，流尽血泪，但这些并没有磨灭我心中那种极度的渴望和追求，虽然我不知道何时才能实现梦想，但只要我还有一口气，活着就有希望！

致命的打击

　　小时候，爸妈常为了一点芝麻小事大吵大闹。每次爸爸喝完酒就会发脾气。而妈妈呢？她从来不会认错，总是有一大堆理由解释自己这样做是合理的，不讲理的人是爸爸才对。日子久了，爸妈的争吵成了我和邻居们的家常便饭。

　　1996 年 4 月，爸妈又为了一点小事争吵，这次争吵让我刻骨铭心，因为这次争吵是有史以来最严重的，也是爸妈最后一次争吵。当天下午 5 点多，来了一位朋友请爸爸修车。爸爸检查完车子，就请朋友到屋里，向他解释车子的问题。他们谈话的时候，爸爸习惯性的给朋友倒上茶，两个人一边喝，一边聊。大概过了一个小时，朋友说要走了，爸爸就送他出去。朋友走后，爸爸可能喝茶太多尿急，就忍不住在院里小便。之后，爸爸刚走进房间，妈妈就用羞臊他的语气说："你一个大男人，怎么就在外面随地尿尿，那种样子多难看！家里还有没出嫁的闺女（三姐），看到的话多丢人啊！"

爸爸当时什么也没说，他低下头坐在椅子上，随手拿起桌上的一个酒杯，倒了一杯酒喝了一口，接着又喝了一口。爸爸一边喝着酒，一边自言自语的："现在的我还是个健康的人，不需要别人照顾。假如有一天我不能动了，你们会怎样对待我？我可能就要在那里等死了"。说着说着，爸爸又倒了一杯酒，继续喝。爸爸喝了大概有半斤的酒。这样的情况，大概维持了15分钟。后来，我看到爸爸的脸色变了，我甚是害怕。我有预感接下来有不安宁的事要发生…….

妈妈见状，赶紧带着三姐跑到邻居家去了，只剩下我和爸爸在房间里。此时此刻，一向性格刚烈、内向的爸爸已经难以控制心中的怒火，他拿起墙上的一片镜子，用力摔在地上，接着又拿起第二片镜子摔在地上，后来他拿起一个很大的空酒瓶狠狠地摔在了地上……爸爸将家里所有挂在房间里的镜子、空酒瓶和酒杯都摔了。躺在炕上的我，被吓得直打哆嗦，耳旁传来一阵又一阵刺耳的碎玻璃声。后来，我才发现爸爸摔东西时，玻璃碎渣崩在了我的脸上和手上，顺着后脖子滑落到我的背部。我闭着眼睛，不敢作声，因为我了解爸爸的脾气，最好此时不要再去惹他，更不要去劝说。我偶尔睁开眼睛偷看爸爸一眼，那一幕一幕的可怕情节，至今想起来身体还会颤抖呢！真是好恐怖。

最后爸爸将家里所有玻璃物品都摔完了，他看到有 2 个玻璃鱼缸，准备拿起来摔在地上。这时，我苦苦哀求说："爸爸，不要！爸爸，不要！这是你之前到唐山城里辛辛苦苦给我买回来的鱼缸。你看里面还有金鱼和热带鱼呢！这是你儿子最喜欢的。求你不要给我摔掉。"我一边哭，一边哀求着爸爸。爸爸没有答声，他将鱼缸放回桌子上。此时，我看到爸爸的脸已经变形了，实在恐怖。爸爸的眼睛瞪着大大的，一下也不眨。

这时我突然间想起几年前发生在村庄里的一件惨事。一个男子也是因为家庭琐事被激化，导致这个男子气急败坏、恼羞成怒，将妻儿杀死，最后自己也自杀了。当想到这件事情的时候，我的内心特别的害怕。我担心爸爸失去理智，做出这样的事。我倒没有想过爸爸会杀我，因为我知道他一直都很疼爱我，我也没有惹他生气，所以他不会这样对我。反而我是担心妈妈和姐姐，可能爸爸会杀了她们。

后来爸爸坐在椅子上，将最后一口酒喝了下去。此时爸爸仿佛也没有力气了，他低着头，不久便走出了房间。我不知道爸爸去哪儿待了一夜，第二天他才回家。而妈妈和三姐过了一个小时也回来了。妈妈看到满地都是玻璃碎片，她一边收拾，一边还在辩解自己的理由。之后我叫妈妈给我清理身上的玻璃碎片。因为这件事，我对妈妈有了新的看法，觉得她不尊重丈夫，对她产生了反感。我想若每次爸妈争吵的时候，妈妈可以让一让、忍一忍，她和爸爸的关系就不会这么恶劣了。

过了三个星期的一天中午，爸爸像往日一样在厨房里给我准备饭菜。当时只有我和他在家，妈妈和三姐都在店里。爸爸做好了萝卜炒回锅肉，正准备给我端过来。这时我看到爸爸脸色不好，瞪着眼睛，不眨眼，走路还摇晃着。他就这样勉强的把小桌子放到我的腿上（我们平时就是这样吃饭的），然后他又挣扎着从厨房把做好的菜肴放到小桌上。之后爸爸用尽全力地爬到炕上，之后他就再也不动了。

我从小就知道爸爸是一个很刚强的男人，平时受了外伤，他都毫不在乎，而如今他却动也不动地躺在炕上。我叫了几声"爸爸……爸爸……"，他都没有理睬我，这时我意识到情况不对，心里有个预感，他可能得了急病。于是我连续的用自己最大的声音呼叫邻居来解救爸爸，但是我喊叫了几十声，嗓子都哑了，还是没有人听到我的呼唤。最后我流着汗，慢慢地把身子挪动到窗前（那个时候我还可以挪动，现在已经不能了），用我平时钩东西的一米多长的棍子使劲地击打玻璃窗；由于我手中的棍子是用柳树枝做成的，干枯之后特别轻，仿佛在用筷子敲打窗户一样，力量非常小。我击打了好多次，甚至棍子都折断了，劈成了两半，我继续用最粗的那头来击打玻璃窗，最后玻璃终于被敲碎了。

邻居听到了玻璃碎落的声音，以为是我爸妈又吵架摔东西了。结果她很意外地看到是我打破了玻璃，她问我什么事，我告诉她我爸爸躺在炕上一动不动，嘴里还流着口水，眼睛呆直直地看着对面，一句话也说不出来。他已经得了重病，你赶快叫人把他送去医院！邻居立刻赶回家叫了她的丈夫和我家对面的邻居，他是一位教师，我们都称他"校长大叔"，他的太太也一起过来了。他们赶紧叫了一辆小拖车，把爸爸送进了当地的医院抢救。后来他们也通知了我的妈妈和姐姐，她们闻讯后赶紧去了医院。

那时已经接近中午1点了。整个事件一共经历了将近一个半小时的时间……一个人在家里等待消息的我，心跳急促，既害怕又慌张。我在心里默默地为爸爸祈祷："没事的，爸爸一定可以挺过来的，不要自己吓自己，爸爸一定可以平安回来……"天色已晚，爸妈还有邻居们都没回来，我心里更加着急了。从中午到晚上，我没吃饭，虽然有点饿，但是却没有胃口，心里一直牵挂着爸爸。

我一个人在家等了将近12个小时，夜深12点多了，突然间，我听到开门的声音。我看到有几个人一起进来，随后还有妈妈和姐姐。爸爸的侄子和另外一个亲戚抬着爸爸的头和脚进到房间里，放在炕头，而我就躺在他的对面，炕的一角里。我看到爸爸闭着眼睛，一动也不动地躺在那里。妈妈迈进房间，就对我说："你爸死了！"

噩耗如晴天霹雳般地向我传来，我当时撕心裂肺的嚎啕大哭！心酸的泪水淹没了我的双眼，湿透了我的衣领，我不敢相信眼前发生的这一切是真的。我在那里一直喊着说："爸爸！爸爸！你怎么啦？爸爸！爸爸！你为什么不说话？"我连续地叫着爸爸。我一边叫，一边哭，一边挪着身子慢慢爬到爸爸身边。大伯的二儿子看到我，就把我抱了起来，放在爸爸的旁边。我摸着爸爸的脸，他的脸没有血色、没有温度，是苍白冷却的，他的躯体也僵硬了。

　　整个夜里，我都没有睡觉，我不停地在哭、在喊着爸爸。我实在太难接受这个事实了。昨天我还看到爸爸好好的，为什么他就这么突然地离开我们了呢？这21年来，爸爸不但尽了父亲的责任养育我、疼爱我，为了给我医病，他付出了太多的辛苦和泪水。他不但是我的精神支柱，也是我们这个家庭的经济支柱。如今他不在了，我要怎么办呢？我要怎么继续活下去呢？想到日后的生活，我更加感到痛苦。

　　到了第二天，家族的人、亲戚朋友和街坊邻居闻讯，都纷纷来帮忙料理爸爸的丧事。每个人脸上都带着愁容，为我们这个家庭感到不幸，也为我们日后的生活感到担忧。在家里祭奠仪式快要结束的时候，主事的人说我是家中唯一的男孩，必须送爸爸最后一程。于是，有人就找来了一辆机动三轮车，把我放在上面，按着家乡的习俗，我作为孝子，给爸爸"打幡"，把他送到另外一个世界。我手里拿着一根两三米的长棍，穿着孝衣，坐在机动三轮车里，把爸爸从家里一直送到墓地。就这样，爸爸永远离开了我。

参加丧礼的每个人都哭了。其中有一幕让我印象深刻，也让我知道，爸爸在村民的心中是一个很受尊重和敬佩的人。在送爸爸的路上，我连续看到三位八旬的老人，因为行动不方便不能给爸爸送行，就在他们自家门口的路边放了一张桌子，桌上还摆了一些点心和纸钱。当爸爸的灵车经过的时候，他们就跪下来，给爸爸鞠三个躬、磕 3 个头，以表示对爸爸的敬意和哀悼。

老人的举动让我深受感动，但我不知道他们是谁，他们到底和爸爸是怎样一种关系？丧礼结束后，回到家，我向妈妈提及这件事。后来妈妈从别人口中得知，爸爸曾是这三位老人的救命恩人，所以他们非常感谢爸爸，也很尊敬爸爸。

爸爸的突然离世，是我人生中经受过的最痛苦、最悲伤的事，他走之后，我还常常会梦见他。无论是白天或夜晚，每次醒来之后，我都会哭得很伤心。爸爸就这样离开了我……

爸爸离世后，三姐负责打理店铺。为了帮姐姐看店，又可以照顾我，妈妈决定搬到店铺的后面去住。这样，妈妈给我打理完卫生，照顾我吃完早饭她就可以到店里去帮忙。有时候妈妈累了，也会到我的房间来休息。妈妈和三姐每天都很晚才会回来，大部分的时间，我都是自己一个人待在房间里看电视节目、看书，偶尔也会有一两个朋友来找我说说话，但他们待一会儿就走了。

村里有一个我叫他"三哥"的人每两个月会到我家给我理一次发。1988年，爸爸还在的时候去找他给我理发，他知道我的情况和家境之后，深受感动，不但上门给我理发，还不收一分钱。直到今天，我的头发还是他给我理的呢！

爸爸去世时，三姐尚未出嫁，她表示愿意留在家里招上门女婿。过了一年，经人介绍三姐结识了一位当地男朋友。媒人带他到我家相亲。妈妈向他表明："我给女儿招亲的目的是将来我生病了或死了，你要接管照顾我这个瘫痪的儿子。如果你不接受我的这个要求，我们就不能结这门亲事。"最终，这位青年和他父母都愿意接受这个要求。

1999年元月，这个青年和三姐结婚了，妈妈再次向他强调："现在我身体还好，我可以照顾我的儿子，所以你和我女儿可以按照自己的想法去生活，但你要记住，假如有一天我生病或死了，你一定要接管、照顾我儿子的生活。"这是当初妈妈无代价地把女儿许配给三姐夫的目的。

结婚后，三姐和三姐夫就搬到老房子住，而我和妈妈依然住在店铺的后面。每天早上，三姐到店里工作，三姐夫到外面打工。后来店铺的生意不好，三姐将农机配件处理掉，改卖食品，开了一家小卖店。

生死线上的挣扎

从 1995 年开始，不知道为什么，每次吃完东西总感觉肚子疼。开始我以为自己吃得太多了，就减少饭量，但还是不管用，而且疼得越来越厉害。

我本来就不能运动，不能像健全人一样正常消化，也吃不了多少饭，所以消化系统肯定不是很好。这样的疼痛一直维持到 2002 年 11 月，当时我实在疼痛难忍，而且每天大便都是黑色的。我的直觉告诉我，我有可能在便血。我跟妈妈和姐姐商量找个医生来给我检查一下。姐姐到本地的小医院找了一位乡医来给我看病。他摸了摸我肚子四周，问："平时你都吃什么药？"我告诉他我服用的止痛药的名字。他对我说："通过观察，我认为你不是肚子疼，你是因为长期大量服用止疼药导致胃黏膜溃疡，所以是你的胃在疼。"我请求他为我医治，他答应先帮我输液，同时观察病情。大概过了 3 个星期，疼痛稍稍缓解了一些，但还是会感到疼痛。

对此，那个医生的表情也有些不乐观，他无奈地对我说："你必须停止吃止痛药物，这样输液才会有效果！"可是我一旦不吃止痛药，胳膊就抬不起来，什么都拿不了，连自己吃饭都会很困难。无奈，我还是得每天吃两粒"止痛药"止疼。

2002 年 12 月 2 日早晨，我刚吃完半碗粥和一些咸菜，就突然感到眼前一片漆黑，当时我以为是变天了，就向着窗口仰望，随后又感觉到胸口发热，紧接着一大口鲜血就从嘴里喷了出来。然后是一直吐血不止。当时我的双眼什么也看不见，就像瞎了一样。妈妈在厨房刷碗，她不知道我发生了什么事。在进屋拿东西的时候她才发现我正在大口大口地吐血。

那时候我已经吐了大约有数分钟。妈妈见况吓得大哭起来，赶紧把脸盆拿来接着我吐出来的血，但因为我是躺着的，所以血都吐在了我的身上，连盖的被子也浸了很多血。妈妈把家里的十来条手巾都用上了，但还是没办法把这些血擦干。

后来姐姐进来看到此情景也被吓哭了，她立刻跑到医院去叫那位医生。医生一踏进我的房间，也被吓得不知所措。当时他真的不敢接手给我看病，担心会出人命。站在旁边的妈妈一直在哀求他："侄子，救救你哥吧！"他沉默了一会儿，说："如果出了人命，我承担不起这个责任啊！"妈妈接着说："无论结果怎样，我们都不会怪你，你放心吧！"此时村党支部书记也来到我家。书记开口说话："出现任何意外不会怪你，他现在吐成这样，若往区医院送，可能在路上就活不了了。你就试试吧！"

医生看支部书记很诚恳的承诺，就同意了。他说："赶快派人去唐山中西医大药房买止血剂×××。"原本姐夫在外打工，接到姐姐的电话后也急忙赶了回来。支部书记告诉他，马上打出租车去唐山大药房买药，不要再耽误时间了。而此时的我，依然在大口地吐着血，从没停断。

这时候是冬天，我住的房间没有好的取暖设备，所以我吐出来的血被冷空气凝固成一块一块的。大约过了一个半小时后，姐夫乘出租车把药买回来了。医生立即把药剂对好，准备注射，可由于我已失血过多，血管扁了，以至于很难扎上液针，最后扎了十多针才扎到了血管。这时，我隐隐约约听到支部书记和我妈妈商量做两手准备，如果救不活要把我埋葬在什么地方。我听到妈妈抽泣着说："一定要和他爸爸埋葬在一起……"

这一刻，生与死对我来说，真是一线之差。过去无论多么痛苦我都坚持要活下去，因为我知道活着就有希望。难道这次我就这样离开了吗？我真的不甘心，我想做的事情还有很多，我还想给家人、社会一些回报呢！

我感到无力、无助，唯有听天由命了。就这样，我等待

与其等待死亡，不如创造奇迹

着生存的希望和生还的可能。从早晨 8 点 50 分左右开始吐血，直到下午将近 4 点血才渐渐被止住。我差不多吐了 7 小时的血，这对瘦得像皮包骨的我来说，几乎已经将身体里所有的血都吐干了。在场所有目睹我吐血的人，包括医生在内，几乎都认为我活不了了。然而，死神终究没有夺走我的生命。虽然只剩下最后一口气，但我还是顽强地活了下来。

那位医生临走时送了我一句话："大难不死，必有后福。"时隔多年后，回想这句话的时候，心里真的有很深的感触。感谢上天，让我活了下来，并实现了我藏在心中十多年的梦想和希望。

类风湿关节炎对人的生活影响极大，在没有系统控制痛苦的情况下，这种病会大大降低人的生活质量。我的各个骨骼因得病时还很小，所以没有正常发育。再加上一年比一年萎缩，我骨瘦如柴，体重只有不到 30 公斤，手和脚比健全人小一倍还多。如今我的关节每年都在变形，四肢早已弯曲，两条腿和两只胳膊僵直得不能回弯，也抬不起来。我的双手从 2001 年开始恶化，不能自己抓痒、不能自己洗头、刷牙……更不能直接往嘴里吃东西。现在我的双手不能动，只有手指可以动，为了可以拿取身边很轻小的生活用品，我让家人做了一个加长的痒痒挠，我除了用它拿东西，也抓抓痒，抹抹脸——它就是我最好的助理呢！

另外，为了不加重亲人的负担，我自己想了个办法帮助自己吃东西和喝水。我让家人把小勺固定在一尺多长的小木棒上，这样我就可以自己用这个特制的加长的勺子吃饭、吃点心、吃水果了。但不论我吃什么东西，妈妈都需要帮我弄成一小块、一小块的，这样我才可以用勺子把食物慢慢地放在嘴里。我不能坐立，所以只可以躺着吃东西，加上我的嘴张不大，连一粒花生都塞不进去。所以，有些食物我自己没办法吃，如面条汤、粥、又大又厚的肉块、饼干等。妈妈知道我很喜欢吃这类食物，所以偶尔就会亲手喂我吃。一般人吃饭大概半小时内就能吃完，但我却要花一个小时或一个半小时的时间才能吃完一顿饭。对我来说，吃饭真的是一件很费力气的事情。当我要喝水的时候，妈妈就会给我一个水杯和一支加长的吸管，放在我的手心上，我就可以自己喝水了。这支长吸管是由 3 到 4 支短吸管接起来的，这些工具成为了我的专用品。

虽然我每天躺在床上，但是我很爱卫生，喜欢干净。不管天气多么冷，十天左右也要让三姐夫给我洗一次澡。到了夏季，五六天洗一次。每次洗澡，我都喜欢用带香味的沐浴露和洗发水，这样会让我更加精神奕奕。我也喜欢喷香水，虽然只是用几元钱一瓶的香水，但喷在身上闻到自己的芳香，心里也会有一种美美的滋味。爱美之心人皆有之，虽然我是个残疾人，但我并没有改变对真善美的追求，对美好生活的向往……

自学上网的日子

2000 年之后，三姐常在妈妈面前提起旧房子很破，随时会倒塌，希望妈妈帮忙处理这事。妈妈甚是有压力，原本妈妈是想重修这老房子，但是基于没有人手帮忙，所以无奈之下只好物色二手房子。2004 年秋天，经本地人介绍，家里花了 6 万 6 千元钱买了一处二手平房。当时买房子的钱不够，三姐就想把老房子卖掉。后来邻居家一位叔叔要买，于是以 5 千元价格卖给了他。事后每当妈妈回想起这事都会感到很内疚，因为这是爸爸留给我们的遗产。我们从 2006 年 7 月住进买的这所房子里，一直到现在。

2007 年，三姐又多次向妈妈提出要卖掉店铺，因为生意不好，加上有人愿意买。有几回我都劝阻三姐不要这样做，因为我认为将来这店铺一定会更值钱，可以卖更高的价格。为了这事，我们争吵了很多次。最后，三姐还是禁不住他人的诱惑，以9万9千元将店铺卖给了别人。我知道这已经成为没办法挽回的事实，我就向三姐要了3万9千元作为我的生活津贴，因为我没有经济来源。经过多次的讨论，三姐终于答应了我的要求。当时我拿出一千元给妈妈，作为儿子的一点孝心。这笔钱帮助我改善了生活，因为当我想吃鱼或肉的时候，我就有钱让妈妈帮我买来。另外，我还用这笔钱买了衣服、裤子、生活用品、智能手机、交网费，甚至还拿出一部分去帮助那些身处急难中的人。

2007年深秋，我经常在电视和报纸的广告上看到可以上网的智能手机。由此我心里滋生了一个很大的欲望——我想学上网，了解更多外面的世界！我用之前得到的钱买了一部智能手机。当三姐将智能手机递到我面前的时候，我兴奋的难以形容，将它视为宝贝，爱不释手。虽然这部智能手机可以上网，但是因为我还没学会，身边也没有人可以请教，因此我主要用它发短信。

2008年3月中旬，有一个朋友来看我，他知道有一个专门下载手机软件的网站，就很快地帮我在手机上安装了这个软件。也就是从那时开始，我慢慢地摸索网络世界。后来我听别人说QQ是一个很好的聊天工具。于是我就求一位朋友帮我申请了QQ号。申请到QQ号的那一天，我的内心是非常激动的，因为我意识到只要我学会了使用QQ，就可以与外界接触，可以认识千百里外的朋友并与他们交流了。因此我立刻毫不怠慢地投入到自学上网聊QQ当中。那几天夜里我几乎没睡觉，不断在学习和摸索，最终我完全掌握了手机上网的操作步骤……

这是一段不寻常又有意义的经历。后来因为我的左手长期拿着手机打字上网，也随着时间的流逝而"定了形"——现在我的手掌的造型好像永远拿着一部手机似的。

开始使用QQ的时候，我随意搜索、添加朋友。有人拒绝我，也有人愿意加我为友。在聊天的过程中，当QQ网友问到我的工作时，我就会将自己生病的情况告诉他们，还发了些照片给他们看，但是大部分网友都不相信我的真实情况，以为我是个骗子，后来都把我删除了。为了避免这样的事再发生，我就在QQ签名上写了一行字"虽然我已经瘫痪26年，但是我没有屈服病痛的折磨，感恩微笑着把乐观和坚强的精神展现给朋友们"。

意想不到的是，我的这个签名引起了一些网友的好奇，他们都会问我到底发生了什么事。更没想到的是，在这虚拟人称的网络世界里，我居然认识到几位爱心大姐，并得到她们的关爱，给我寄来一些台湾特产、北京特产，还有人向我的银行卡里打入几百元钱作为我的生活费。

其中，有一位来自北京的爱心网友，后来我的家人都称她为"爱心姐姐"。我们认识不久，她就带着两位学生开车从北京来我家看我。那天我非常感动，深刻难忘，因为她是第一个通过网络来探望我的人。自从我瘫痪之后，几乎就是与外界隔离了。除了家人和几位常来串门的朋友之外，我的世界里就再也没有朋友了。过去我非常羡慕别人，渴望有朝一日我也可以有很多各地的朋友，没想到，这梦想真的如愿以偿了！

自从"爱心姐姐"来看我，了解到我的身体虚弱、营养不良、家境也不是很好之后，就常常在QQ里给我很多鼓励和安慰。每逢过节，如春节、端午节、中秋节的时候，她都会给我寄些北京特产，让我不出门也可以尝到北京的食品。

我还记得有一年春节的时候，她给了我一千元的红包，让我的生活可以过得好一点，但我舍不得花这些钱，我把它存起来，以便日后有急需的时候可以用。在我的QQ网友里有几位这么有爱心的大姐，她们待我犹如亲弟弟一样，让我深受感动。

为此，我还曾为她们写了一首诗呢：

她们的爱，让我感受到人间有爱；

她们的爱，温暖了我心灵的空虚；

她们的爱，超越我亲人所给的爱；

她们的爱，使我更坚强地活下去！

妈妈去世之后

　　以往每当回想起爸妈吵架时的情景，我就会感到害怕。其中原因之一是看到妈妈因跟爸爸吵架而犯病。她呼吸非常急促，上气不接下气，像抽羊角风一样，两边嘴角还吐着白沫，甚是可怕。若邻居们知道后，都会过来帮忙压着妈妈的胳膊和腿，捶胸打背，等妈妈慢慢得到缓解后，他们才会松开双手。这缓解的过程至少要半个小时的时间，妈妈每年都会犯病2到3次。

　　妈妈在年轻未嫁的时候，曾经受过很大的刺激，婚后爸爸又是一个性情刚烈的人，有自己的看法，所以很多时候也不听妈妈的话。当妈妈被压制难以忍受的时候，她的病就会发作。后来我渐渐长大了，听别人说才知道这种病叫作"癔病"。

我小的时候常常看到妈妈犯病，总是被吓哭。我本身因病痛的折磨，已经感到很痛苦，由于还要常常承受爸妈的吵架，以及妈妈犯病所带来的惊吓，真是压力甚大。回忆起那段岁月，看到妈妈病发的样子，我就会特别的害怕。同时看到妈妈那种极度难受的表情，我也非常的难过。我无法帮助妈妈做些什么，唯有在那里一边流着眼泪，一边叫着说："妈妈，妈妈，你怎么啦？"

我就这样年复一年、日复一日地成长着，每当看见爸妈吵架，我最担心的是妈妈犯病。后来我也渐渐地习惯了妈妈的"病"。如今我长大了，我不再害怕，也不再流泪。但这种回忆深深地烙印在我脑海里，至今都无法忘怀……

2009 年，妈妈的身体渐渐衰弱。有一天，她发现自己便血，便叫来乡医检查身体。输了一个星期的液，还是不见好转，乡医建议住院观察，三姐就带着妈妈到县医院去看病。诊断之后医生说按消化道出血治疗。妈妈为这事感到愁烦，她向女儿们说起这事，但女儿们由于经济困难不愿花钱让妈妈住院。我每天看到妈妈痛苦的样子，心里非常很难受。我告诉妈妈，我愿意帮她付这笔医药费。后来妈妈被我说服了，加上三姐也答应愿意留在医院里照顾她，于是妈妈就住院了。

在住院期间，妈妈几乎每天都输液，甚是痛苦。而我呢？

还是一个人在家里待着，三姐夫给我打理卫生、送饭。妈妈住院一个多月，因为家里经济条件不好，加上三姐还有自己的家庭，也不能常常在医院陪着她，所以妈妈就出院了。

回家后没几天，妈妈又出现便血的症状。这次妈妈想再次住院，但又想到了钱的问题……

上次住院，妈妈花了6500多元，这次她不想让我再负担看病的费用。妈妈叫我打电话给大姐和二姐，请她们到家里来一趟。妈妈将事情告诉她们，希望她们可以帮忙分担医药费。然而大姐和二姐决定，这次她们每人给妈妈出一千元，但日后若还需要费用，她们就困难了，因为当初爸爸去世后，所有的财产都归了三姐。除此她们还向妈妈表明，日后若妈妈不在了，她们也没有钱给躺在炕上的我看病。妈妈听后非常伤心难过，也很无奈，最后妈妈还是没去医院。三姐给她买了一些止痛药和治消化道止血药，但吃了之后，一点作用也没有，并且病情越来越严重。

妈妈在生病期间，还是继续照顾我，给我和三姐一家人煮饭烧菜吃。看着妈妈身体渐渐瘦弱，一天不如一天，我心里非常难过，很担心自己日后的生活。身为家中唯一的儿子，我是妈妈的顶梁柱，可我却不能保护她、照顾她，让她受了这么多的苦，这种感受是没有人可以体会和明白的，更不是三言两语就可以表达的。那段时间，几乎每个晚上，妈妈都会在我面前哭泣诉苦：难道自己就这样离开吗？妈妈的眼泪只能往自己的心里流……

　　每次听到妈妈这样说，我的心里也非常难过，除了自责和愧疚，我也不能带给妈妈很多安慰，只能眼睁睁地看着妈妈的病情渐渐的恶化下去……

　　几个月后，妈妈的病越来越严重了，她无法继续照顾我了。三姐就从那天起，开始负责煮饭、料理家务、照顾妈妈。姐夫负责打理我的卫生。妈妈于2010年9月5日走到了生命的终点。我非常的难过和不舍，妈妈出殡那天，我留在家里，一切行奠仪式由三姐夫去承担。

　　妈妈的逝世对我打击很大，我知道以后我的生活会更加艰辛。以前还有妈妈在身边陪伴我、照顾我，但今后我要一个人度过漫长的日夜了。我常常在睡梦中流着泪水喊着"妈妈、妈妈"，我就这样被惊醒，之后久久不能入眠。这种情况也像当初爸爸离开我一样，过了好漫长的一段日子，我才渐渐调整好自己的情感，走出悲伤。

　　妈妈在世时告诉三姐夫，日后若她不在了，他要负责照顾她的儿子。从2010年9月6日开始，我被正式委托给三姐夫。由于三姐夫的工作时间不固定又很长，有时他做早班，有时做夜班，所以我的生活也要配合他的时间。三姐夫主要就负责我的卫生。每天早上他都会给我刷牙、洗脸，帮助我大便。有时候他做早班，我早晨5点就要醒来做准备了。有时候我还在睡梦中，就被叫醒了。当三姐夫做夜班的时候，我就可以中午或下午才大便。随着时间的流逝，我已经锻炼了自己，随时都可以大便。在这过程的确不容易操练，但我知道假如我不配合，就会出问题。为了不让自己坏肚子，我也很注意饮食，除了正餐，我不吃零食。若我真的坏肚子了，也要想办法忍着，直到三姐夫回来为止。自从妈妈离开后，我几乎不再吃水果了。

另外，三姐夫也负责给我洗澡。每次我洗澡都会让他费很大的力气，因为他要抱我到洗澡间，然后给我搓澡。一般我一周才洗澡一次，到了冬天就两周到三周才洗一次。最久的一次是一个月的时间我才洗澡。有时候有苍蝇在我身上不停地飞来飞去，我就知道自己有臭汗味或身上有吃东西时留下的渣滓，但我只能无奈地任由它们围着我"飞翔"，因为我没办法赶走它们。

三姐负责我的饮食。早餐我吃得特别简单，几块饼干或一点面包就可以充饥了，因为若我吃得太饱，午饭就没办法吃了。午饭和晚饭的时候，三姐会在我腿上放上一个小板凳，将饭菜放在板凳上，递给我那把定制的长勺，我就可以自己吃饭了。当三姐他们吃完饭的时候，她就会过来帮我收拾饭碗。到了晚上，三姐会在我身边放一杯水，当我口渴的时候，就用定制的长吸管喝水。我身边也有一个尿瓶，我自己小便。满了，三姐或三姐夫就帮我倒掉。其余的时间我就自己一个人在房间里待着。这种生活我都已经习惯了，因为爸妈还在的时候,我也常常自己待着,只不过那时还有他们和我说说话,陪陪我。

我就是这样坚持着活着。曾经有人问我:"你生活的这么苦,有想过要自杀吗?"我的回答是:"没有,一点也没想过,因为我觉得生命是美好的。可以活着就很好,人来到这个世界很不容易,所以我一定要好好珍惜自己。"十多年前,我就常常幻想有朝一日,可能有个天使出现,拯救我的生命,带我脱离这样的逆境。这可能是一个永远都不会实现的梦想,但我心里却是那么的渴望,我愿意活着去等待。即使我死了也没出现,至少我觉得自己也没白活,因为我爱自己,我爱我的生命。这就是我的信念。

妈妈逝世后的第 3 个星期,三姐总是感觉没有力气,着急和走路的时候会冒虚汗,她决定去医院做检查。报告出来之后,她赶紧给我打电话。我一接到电话,就听到她的声音变了,她叫着我的名字,大声哭叫着:"出大事了!我检查出心脏有问题,医生说要做大手术。"当时我也被这种突如其来的坏消息吓了一跳。接下来我听到她在电话里一边哭一边的说,我也忍不住流下了泪水。

过了一个多小时,三姐一回到家就趴在我房间的炕上,哭着抱怨说:"我的命为什么这么苦?为什么老天这样对待我,将这些苦难都加在我身上?我卖房子的那几万元钱,现在都得要花掉……"我一边哭着一边安慰她,说:"上次卖店铺给我的 3 万 9 千元，我还有一万多元你拿去做手术吧！"过了一个星期，她联系好医院和北京的专家医生，就去做手术了。三姐做了导管接入手术，加上我给她的一万元，一共花了大概 2 万 7 千元。当时我认为爸爸妈妈都没有了，只有三姐在照顾我，所以她的健康就是我的健康。因此我义无反顾地把钱拿出来给她治病。我也从来没有想过要她还，因为我深深地感受到失去两个亲人的痛苦，我不想她再有任何的闪失，因为我再也承受不了这种打击了。

不久，我的 QQ 网友得知我妈妈去世的消息，更加的关心我了，她们当中有些人已为人母，能够明白我失去至亲的心情。北京的"爱心姐姐"得知消息后非常难过。当时我不想给她添麻烦，所以一直没有将妈妈生病的事情告诉她，没想到她再也不能见到我的妈妈了。

2011 年 4 月 16 日，"爱心姐姐"和十来个朋友特地开两辆车从北京来我家给我提前过生日。这是我人生中第一次和这么多人一起过生日，我非常感动，在他们面前我哭了。他们给我写了一张生日贺卡，我一直保存着，因为我知道这是他们给我的最好祝福。他们还带了礼物给我。这一天我毕生难忘，我深深地感受到他们犹如我的亲人一样那么的温暖。走之前，"爱心姐姐"还给我留了一千元钱，她知道我日后的生活会更艰苦，希望这点心意可以让我活得好些。"爱心姐姐"无私的大爱，我这一生都没办法回报她，但我知道，只要我坚强地活着，就是对她最好的回报。我一定会这样做，因为我不能辜负爸妈，还有那些关心我的朋友们，只要还有一口气，我就会坚强活到底！

第二部分

生命存在着无限的可能

我除了说"再等一会，再等一会"没有更好的语言回答他们。因为此时我的心也很复杂，很纠结。如果我这位还没见面的女友还不出现，他们很可能在情急之下，开车就回来了。他们会说我上当了，被骗了。以后假如我再想请他们帮忙办事，就不容易了，他们可能不会相信我说的话。另外，假如淑英给我打电话，问我谁来接她，我就更不知要如何处理了。此时，我的心就像热锅上的蚂蚁一样，急得不知所措……

来自国外的知心网友

"爱心姐姐"们走后，我依依不舍，心情久久不得平复。我把他们带来的北京臭豆腐、饼干、糖果、巧克力等食品全部交给了三姐，让大家一同分享。

热闹过后，依旧剩下我一人。有时候几个星期过去了，我除了接触三姐、三姐夫和她的女儿之外，房间里是那么的宁静。我虽然很期盼有人来看我，但这对我来说是一种奢望，因为人们各自都有家庭和事业，怎么会有那么多的时间可以陪伴我呢？

当时，我在很多人的眼中是一个没有价值的人。所以，我认为即便我就这样离开了，也没有多少人会感到惋惜。因而，我要为自己而活，为自己未来的盼望坚强地活下去，因为我知道，人还没走到终点的时候，任何奇迹都可能会发生。

2011 年 5 月，在好心人的帮助下我有了一台二手电脑。老邻居家的孩子来看我的时候看到我有电脑，就主动教我如何操作。在他的指点下，我给电脑安装了"鼠标输入法"，学会了用鼠标打字，因为我没办法按电脑的键盘。后来，我也学会了用 QQ 视频，偶尔我就和网友们视频聊天，让他们看到我生活中真实的样子。

2011 年 6 月 19 日，我像往日一样在 QQ 里随意搜索、添加好友，之后我就上网看新闻。不久，我听到 QQ 的铃声提示，就打开来看："哇！太好了，又有人愿意接受我为好友了！"

我赶紧发一个笑脸给对方，并问候她，说："你好，幸福快乐。"不到一会儿，对方就回复我："你好，也祝你幸福快乐。"我和她聊了起来。

"你是哪里人？"

"我是河北唐山人。"

她说她没听说过这个地方。当时我就感到很奇怪，河北唐山对于中国人来说并不陌生。

"河北唐山离北京和天津很近。"我接着说。

"我听说过北京，但我还是不知道天津和唐山在哪里。"

此时我心里更纳闷了，内心充满了疑问。紧接着我又问她："你是哪里人？"她说："我是马来西亚人。"我很惊讶，接着问她："你的中文写得很好！你会说中文吗？"

"我当然会啦！"

我还是充满着疑问。毕竟我对马来西亚这个国家不了解。

"你在中国留过学吗？"

"没有。"

"那么你是从哪里学的中文呢？"

"我小的时候就上华语学校了。"

"噢！你都会说什么语言呀？"

"我会说马来语、华语、英语、广东话，还会一点福建话和客家话。"

此时我心里在想，难怪她不了解中国的城市，原来她是个外国人。这时，她又发来了一条信息："我想问你一个问题，你不会介意吧？"

"我不会介意的，你随便问吧！"

不大一会儿，她将我 QQ 签名发过来（这是我当时的签名：虽然我已经瘫痪 28 年，但是我没有屈服病痛的折磨，感恩微笑着把乐观和坚强的精神展现给朋友们），并问我："你这个签名写的是谁呀？"

"就是我本人的真实经历！"

"是吗？真的是你吗？你介意跟我分享一下你的故事吗？"

"当然不介意。"

我将我从小生病到瘫痪的大概情况告诉了她。她说她听了我的经历真的好心酸，但又离我太远了，不知道怎么帮助我才好：“如果以后你有需要帮助的，请告诉我，我愿意尽一点微薄之力去帮助你。”

“谢谢你。我现在已经不再去医院治疗了，我在家里维持病情就可以了。不用你帮助我什么。”

“好吧，以后你有困难了就告诉我。时间也不早了，我们就聊到这里。如果明天下午我回来早了，有时间上网，我们再聊。”

“好的，假如下午你来早了，我把我的生活照发给你看一下。”

“恩，就这样定啦！。”就这样，她便下线了。

到了第二天，我像往日一样，吃完午饭睡了一觉后，就开始上网等待着她。快要4点的时候，我听到QQ的铃声突然响了，就急速的打开对话框：“你在吗？”

“在，我在等你。”我飞快地回答。

“哈！不好意思，让你久等了。”她很有礼貌。

我问她今天做了些什么，她说去参加了学校的一些活动，又问我平时是由爸爸妈妈照顾我吗？我把现在的情况讲给她听。以后又得知她的爸爸在1993年的时候去世了，而后都是她妈妈一个人把他们四兄妹养大，一直到今天。

我能理解失去亲人的痛苦，真的很难受。我们没有继续聊这个话题，而是把彼此的生活照发给了对方。我收到三张她的生活照，看到照片里的女孩就觉得她很纯朴，很可爱。

就这样，我和这位异国女孩——颜淑英成为了网友。因为我比她大三岁，她称呼我哥哥，我叫她妹妹。

一天，我们和往常一样在网络上聊天，她在 QQ 里告诉我，若她是中国人就好了，这样她就可以常常来看望我。又说，假如有机会，以后到中国来工作，住在我这个村庄，下班后每天都可以来看我，给我买些吃的，打理卫生。当时我听了觉得她很可爱、很天真，心里想她可能就是说些安慰我的话。后来我们也视频聊天。她还要了我的电话号码，没想到过了几天之后，她就给我打来电话。我们的友情就这样慢慢地升华着。

当时她在进修。只要一有时间，一定和我 QQ 视频谈天，甚至给我打电话。我们开始聊彼此的家庭背景、成长经历，后来我们就聊到各自国家历史的渊源、地理、旅游景点和美食。为了和淑英有更多的谈话内容，我上网搜寻有关马来西亚的资料，尤其是吉隆坡的旅游景点，因为这是她出生成长的地方。我也开始听马来西亚的歌曲，这时我才知道，张栋梁、梁静茹、阿牛等歌星都是马来西亚人。

有好几次我和淑英对话时，总觉得彼此心有灵犀。我们会不约而同地问对方："你吃饭了吗？""昨晚睡得好吗？""今天过得怎么样了？""你知道这则新闻吗？"每当遇到这种情况，我俩都会给对方发一个哈哈大笑的动画表情。我在谈话里知道淑英和我有着共同的兴趣，喜欢历史故事、喜欢集邮、喜欢看星星、喜欢海边（虽然我去不了海边，但我心里一直很向往望海、听海浪的声音）。我们也会谈论一些新闻热点，彼此分享自己的观点，我发现她和我的想法常常很接近。因为这些因素，我们俩总是觉得彼此像是认识多年的老朋友一样，很容易就说到一起，并可以深入到对方的心里去。

出乎意料的跨国恋

两个多月后的某一天，淑英在 QQ 里突然问我："康宇，我有一件事挣扎了许久，我想问问你的意见。"当时我感到很奇怪，这些日子她一直都叫我哥哥，但今天她怎么叫起我的名字了。我回复她说："妹妹，你说吧！只要哥知道的，一定会告诉你。"过了有一会儿，QQ 对话框里弹出了这样一行字："康宇，我发现自己爱上你了，不知道你怎么看？"

当时我脑子里在想，她说这句话是在要我吗？是不是试探我？假如我说"我也喜欢你"，她会不会嘲笑我？那么我们是不是以后不能继续做朋友了？就在我犹豫的时候，她又发来了一条信息："好的，假如你觉得这问题很难回答，我也不勉强你，你就当作我没问过。"我想了一想，回答她："妹妹，你还没见过我，说什么也是有点早。不如这样吧，你不是已经订了飞机票要在11月来看我吗？等你看了我之后再决定吧（几个星期前，她就告诉我，她要去西安参加朋友的婚礼，先到唐山来看我，之后再去西安）！"她答应了。

从现在到11月还有80多天的时间呢！在这期间，我们从友情逐渐升华到了爱情。虽然我没有直接回答她，但是我们彼此也将对方视为男女朋友了。几个星期后，淑英告诉她妈妈，她谈恋爱了。妈妈开始非常高兴，但听到男朋友在遥远的中国，就反对了，因为距离太远。妈妈认为这段感情不能长久，因为双方隔得太远，培养感情受限制。淑英没有继续往下说，妈妈也一直都不知道我瘫痪的事。

我们见面的日子一天一天的临近了，这期间我心里压力很大。我担心淑英看了我之后失望，从此我们就不再联系了。我宁愿放弃这段感情，也不想失去这位异国仁慈的知心妹妹，因为要找一位知己真的很难，既然找到了就不想失去。我不敢告诉身边的亲人和朋友，因为我猜他们不会相信我说的话，毕竟我俩还没见过面，加上我自身的缺陷，所以我也怕被他们嘲笑，唯有自己默默地在承受这些压力。最后我还是告诉了"爱心姐姐"。她是第一个知道我有女朋友的事的人。她为我感到高兴，但也为我担心。万一我失恋了，她知道我会非常痛苦。

时间不停留地走着。还有几天就要到11月13日了，我一直在愁烦淑英如何来到我家？原本计划她下午到天津机场，自己搭巴士到唐山车站，然后我再委托朋友去接她。但我算一算，她来到我家可能已经很晚了。一个女孩，第一次到如此陌生的地方，我怎么放心呢？我每天都在为这事思索，不知道如何是好。

过了几天，有一位爸爸生前的好朋友来看我。在他要走之前，我把这件事情讲给了他听："大哥，你13号有没有空？可以帮我到机场去接个人吗？我在网上认识了一位马来西亚的妹妹，她已经买了机票准备来看我。"

大哥很爽快地答应了我的要求，只是有些疑问："咱们不会说英语怎么办呢？"

"这个你不用发愁，她会讲中文。"我说。

就这样，大哥让我等到淑英来之前给他打电话，他愿意帮助我去机场接她。那一刻，我感觉内心减轻了许多压力。

11月13日这一天终于到来了。头一天夜里，我始终无法安心入眠，万分期盼这一天的来临。早上6点多，我就收到淑英的短信，得知她已经出门，正在前往吉隆坡机场的路上，准备乘搭早上8点30分的飞机。之前我已经给那位大哥打电话提醒他了。中午12点半之前，大哥就到我家了，因为我出门不方便，所以他载着三姐一起去机场，帮我去接淑英。下午2点35分，飞机准时降落在天津机场。大哥和三姐一行几人已经提前到达机场，三姐打电话向我报了平安。因为他们都不曾见过淑英，虽然我之前已经给淑英看过三姐的照片，三姐也看过淑英的照片，但我担心他们还是认不出来，所以事先告诉淑英，手上拿着一张大纸并写上我的名字"李康宇"，这样就容易让他们看到，以防擦肩而过。

刚刚过了 2 点 35 分，三姐就给我打了电话，说："时间到了，她怎么还没出来？你赶紧给她打个电话。"我回答说："现在打也打不通，她的电话已经关机了。你们就等一等吧，因为刚下飞机，她要取行李和办入关手续。"

又过了几分钟，他们很焦急地打电话来："她为什么还没有出来呢？已经有很多外国人出来了。你快给她打电话吧！"此时，我的心跳得非常快，让他们催促的我不知所措，我除了说"再等一会，再等一会"没有更好的语言回答他们。因为此时我的心也很复杂，很纠结。如果我这位还没见面的女友还不出现，他们很可能在情急之下，开车就回来了。他们会说我上当了，被骗了。以后假如我再想请他们帮忙办事，就不容易了，他们可能不会相信我说的话。另外，假如淑英给我打电话，问我谁来接她，我就更不知要如何处理了。此时，我的心就像热锅上的蚂蚁一样，急得不知所措……

第一次与淑英相见

我拨通了三姐的电话，急切地问："看到她了吗？"

"看到了！看到了！"这时，我才松了一口气，赶紧在心里说了一句"谢天谢地"！

从天津机场到我家大概有 120 公里的路程。我一边听着歌，一边默默地等待着淑英的到来。当时我重复听三首歌：梁静茹的"勇气"、张宇的"小小的太阳"和车继铃的"最远的你是我最近的爱"。这都是我和淑英恋爱之后常听的歌曲，它使我们感受爱的真谛。

大概过了 2 个多小时，我听到了门外传来的脚步声和三姐说话的声音："在这屋、在这屋……"我感觉到淑英离我的房间很近了。这时，我就很自然的像平时我们通电话一样，亲切地说："阿英！"她回应说："哎！"话音刚落，我就看到她揭开门帘走进了我的房间。

我伸出了手，她脸上带着笑容，走上前和我握了手，坐在了我身边的沙发上。"你在做什么？"她问我。

"我一边等你，一边听着歌。"这时，电脑刚好播放出梁静茹的那首"勇气"。

终于做了这个决定，别人怎么说我不理，只要你也一样的肯定。

我愿意天涯海角都随你去，我知道一切不容易。

我的心一直温习说服自己，最怕你突然说要放弃。

爱真的需要勇气，来面对流言蜚语，

只要你一个眼神肯定，我的爱就有意义。

我们都需要勇气，去相信会在一起，

人潮拥挤我能感觉你，放在我手心里你的真心……

这是淑英介绍给我的歌。我们一起听着歌，大哥和三姐也随后进来我的房间。我向大哥道谢，他帮了我很大的忙。大哥看着我开心的样子，笑着对我说："康宇，是不是你长这么大，今天是最欢喜的一天？"

我笑着回答他："知我者，哥哥也。"我们一起欢笑起来。

又过一会儿，大哥和三姐都去忙他们的事了，只剩下我和淑英在房间里聊天。

我们谈得很愉快，这时三姐端着一碗"疙瘩汤"进房间，让淑英尝尝。这是淑英第一次吃疙瘩汤，她吃得很开心，很美味。至于我，因为太兴奋的缘故不觉得肚子饿，所以没有吃晚饭。

到了晚上，淑英一边陪我聊天一边把她从马来西亚带来的巧克力、鱿鱼丝、豆沙饼、咖啡、糖果、各类饼干、方便面拿给我吃，让我大开口福。她还买了一件马来西亚民族特色的衣服给我。当天晚上，我吃了她特意给我带的蛋糕。这可能是我有生以来吃过的最好吃的蛋糕，吃在嘴里，甜在心上，让我深深地感受到了幸福。

吃完蛋糕，我开口问："阿英，你看到我失望吗？"她回答："没有。"我接着问："现在亲眼看到现实中的我，和我曾经给你的照片一样吗？"她说："一样。你比我想象中还好一些。"当时我非常的高兴，我内心的担忧也消除了。我心里想，可能由于我之前对她的真诚，告诉她关于我家庭的环境都是真实的，让她一切都安心了。在她的脸上，我没有看到丝毫的不满或恐惧，而是一直看到她脸上充满着笑容，很开心的样子。

接着，我继续问："阿英，你打算下一步怎么做？"她说："按着马来西亚华人的习惯，你向我献花求爱。"我回答："好吧！我尊重你的要求，我们来一个订婚仪式。正好我之前认识了一位好心的网友。她听说我和你恋爱的事之后，特别的感动，也想亲眼看看你。她说等你到了之后，给她一个消息，她也一直惦记着我这件事。我通知她你到了，看看她哪一天能来，我就请她帮我把花带过来，我们就在她送花来的那一天订婚。"听完后，阿英表示同意。接下来我就拿起手机，打电话给北京的"爱心姐姐"。

"爱心姐姐"听到淑英已经平安抵达我的家，非常高兴，也放心了。在电话里，她说："下周的星期六，我尽量安排去你家。"挂断电话，我和淑英就很开心地期待那一天的到来。这一晚，我一夜没睡，因为我期盼已久的女朋友，那位童话般的天使终于来到了我身旁，我开心得难以入眠……

知道感恩，才会收获祝福

　　第二天早上，三姐夫过来给我打理完卫生就去上班了。早餐，我和淑英一起享用她带来的食物。之后，淑英将事先已经预备好的礼物送给三姐。她给三姐、三姐夫和他们的女儿各买了一件马来西亚民族特色的服装，以及一些马来西亚特产食品。到了第4天，淑英已经很熟悉我家的环境，对我也有了进一步的认识。她开始每天早上给我擦脸、刷牙，有时候也喂我吃面条。在照顾我的时候，她并没有厌烦，而是无微不至的照顾我，这让我深受感动。

　　在短短的两周里，我担心淑英睡不习惯硬邦邦的炕、吃不习惯北方的菜肴、用不习惯农村的厕所、不能适应寒冷的冬天，因为马来西亚是一个热带的国家，全年都是夏天，但我的这些忧虑全都没有发生，真是超出我的意料。我没有听到半句埋怨的话，只看到她的脸上总是带着微笑，她真是一个很可爱的女孩。

三姐煮了几道家乡菜——熬鱼、粉条熬大白菜、豆腐熬大白菜……给淑英吃。这些食物淑英都是第一次吃，她吃得津津有味。三姐带着女儿和淑英一起到浴池洗澡。虽然她不习惯很多人一起洗澡，但她还是适应了下来。她第一次上农村的厕所的确是有点不习惯，没想到第二天她就自我鼓励，就这样适应下来了。我知道她第一次过冬天，所以事先我在淘宝网给她买了雪地鞋、羽绒被、毛线手套、毛线帽子、袜子等用品，让她很感动。她对我说："没想到，你还是一个很体贴的男人。"她对我说。

到了星期五（2011 年 11 月 18 日），"爱心姐姐"给我发来一条短信："小宇，我已经向领导请假了。明天一早，我和朋友们就出发去你家，他们也是去祝福你们的。我会把花给你带去。你要什么花？"我让"爱心姐姐"帮我定 3 朵玫瑰花。当天夜里，我再次因为兴奋和期待而没有入睡。

2011 年 11 月 19 日这一天终于来到了。头一天，三姐夫给我洗过澡，换好了衣服。淑英穿上一件马来西亚民族特色的衣服，和我一起等着"爱心姐姐"他们的到来。另外，我们在饭店订了一桌大概 400 元的酒席送到家里，还请了两位亲戚来参加。这笔酒席费用是我平日省吃俭用储存下来的钱。不到早上 10 点半，两辆来自北京的车停在了我家的门口。"爱心姐姐"一家三口、她的姐姐和朋友夫妇共 6 个人来参加我和淑英的订婚礼。

"爱心姐姐"手里拿着一大束花下车（里面有 12 朵玫瑰、7 朵康乃馨和 4 朵百合）。见淑英出来迎接的时候，她就直接把花递给淑英，说了祝福的话。淑英带着他们来到我的房间，我看到淑英手上捧着的花，以及"爱心姐姐"和朋友们手上拿着的各种礼物，既高兴又惊喜，没想到他们给我预备了这么丰富的贺礼，给原本简朴的订婚礼增添了不少色彩。

简单聊了几句，我们就正式开始订婚仪式了。

首先由"爱心姐姐"充当主持人，向各位来宾（包括三姐一家人、两位亲戚和北京来的朋友们）说了一番客气话，接着就将时间交给了我。我请他们帮忙抽出三朵玫瑰花放在我的手上，淑英坐在我的身边。我右手拿着三朵玫瑰，问淑英："我爱你，你爱我吗？"她说："我爱你！"接着我继续问："我想娶你为妻，你愿意吗？"她羞答答地回答说："我愿意"。我将手上的花递给她，她接住了花，这也表示她接受了我的求婚。同时她的脸贴在我的脸上，让在场的人认同她对我真心的爱。接着我从裤袋里取出一个小盒子，里面放了两枚戒指。这是淑英在马来西亚花了 20 多元马币（相等于人民币 40 多元）买的。戒指上写着一行英文字："You are always in my heart"，意思就是"你时常在我的心里"。我拿了一枚戒指戴在淑英右手的无名指上；淑英也拿了一枚戒指戴在我右手的无名指上。我们彼此交换了订婚戒指。除此之外，我们还各自为对方预备了一份礼物。没想到我们心灵相通，预备的礼物都是首饰。我给她买了一条玉珠手链，她给我买了一个合金钢手镯。我们为彼此戴上信物。就这样，在我的家人、亲戚和北京朋友们的见证下，我们订下了这个婚约。在场的朋友们拍了很多照片，记录了我们这美好的一刻。

仪式完毕后，"爱心姐姐"将事先预备好的喜糖交给淑英，让她分派给每一个人。大家接过喜糖，脸上都带着欢笑。不久大家就准备入席。淑英在房间外陪着大家吃饭，我一个人待在房间里吃。餐毕后，"爱心姐姐"到房间和我聊天。说着说着，就将礼物一件一件的拆开送给我们。

"哇！"姐姐不但是我们的天使，还是一个很细心体贴的女人。她送我一件冬天穿的毛衣，送淑英一条冬天戴的红色长披肩，还给我们各买了一个抱枕，连三姐的女儿也有一份呢！另外，她还带了两包北京喜糖，让淑英带回家给家人品尝。还给我买了很多北京特产和面包，她知道我很喜欢吃这些食品。她也预备了礼物和零食给三姐和孩子。虽然我和"爱心姐姐"是在网上认识的，但自从我们认识后，她待我犹如亲人一样，给我很多鼓励和温暖。我打心底里感谢"爱心姐姐"和她的丈夫及他们的宝贝女儿，他们愿意接纳我，从不反对"爱心姐姐"

一直对我的帮助。有朝一日，我一定会回报他们。

与"爱心姐姐"一起前来的朋友也给我们带来了祝贺。他们用大楷写了祝福语。我和淑英都很感动。至今我们还收藏着这份珍贵的礼物呢！对我而言，每一个曾经帮助过我的人，我都会记得他们的好和他们的名字，因为我要成为一个懂得感恩的人。世上没有任何人有义务一定要对某一个人好，只是有没有愿意的心而已。当有人对我好、帮助我的时候，我知道这不是理所当然的，而是他们有一颗仁慈的心、一颗大爱的心，我一定要珍惜和感恩。所以我常说："世上没有应该不应该，只有愿意不愿意！"

虽然我的订婚礼很简单，参加的人也不多，但却带给我和淑英很深的意义和很美好的回忆，因为我们的关系正式确定下来了。到了晚上，我问她："阿英，你觉得今天的订婚礼怎么样？"她说："很好啊，很温馨，出乎我的意料。谢谢你，康宇。"我继续问："下一步你怎么和家人交代？"她回答说："这一点你不用担心，我心里有数。回到家我会慢慢地向家人说出你的情况和我们的关系，我相信他们最终会接受你的，因为我了解我的家人，他们只需要一些时间。"当时我觉得淑英只是说些安慰我的话而已，我心里知道这是一条非常崎岖艰苦的路。想到这些，我既担心又害怕，流下了男儿泪。

在焦虑和担忧中等待

美丽的时光很快就要结束了，还有两天淑英就要离开我了，我真的很不舍得。连续两个夜晚我都没有睡好，心里一直在想，这次的离别会不会永别呢？以后还会见面吗？假如她不再回来了，我要如何向家人、亲戚朋友交代呢？淑英似乎看到了我的担忧。那天夜里她和我说了很多话。她告诉我："康宇，你放心吧，我一定会再回来的，因为我们已经订婚了，我们是夫妻。我不会撇下你不管的。"接着她继续说："康宇，你知道我为什么爱你吗？到底你的什么吸引了我？你知道吗？"我回答："你说来听听。"

她说："第一天我在 QQ 里认识你的时候，我就被你的毅力和坚强感动了，觉得你很棒，假如换作是我，我真不知道会怎样坚持活下去。因此你很值得我学习,我希望能一直和你保持联系。开始时,我的确是有点同情你,想要帮助你,但是聊天久了,了解你之后,我渐渐的欣赏你、佩服你。我喜欢你的乐观、幽默、勇敢、坚强。我发现自己和你有很多共鸣的地方,无论是兴趣、爱好或者对事物的想法,我都觉得你和我很接近。就这样我对你日久生情。"我说:"嗯,我曾经听你说过这些。"她接着又说:"你知道我是很认真的。我会坚守到底。你不用担心。"但我听完后,依旧担心。

我告诉淑英:"阿英,你回家告诉妈妈,假如她真的反对,把你赶出家门,你不要和她顶撞,因为无论怎样,你们始终是母女。不要因为我的出现,让你和家人的关系变得不和谐。假如你最后真的放弃我,我也不会怪你的。"她听了之后,笑着说:"你放心吧,我妈妈不会把我赶出家门的。无论最后结果如何,妈妈一定不会赶我走,也不会不认我这个女儿。你放心吧!"我想,淑英真是一个单纯天真的孩子。尽管淑英一直安慰我,情况不会像我想象中那么糟糕,但我还是需要做好心理准备,往最坏的那一方面去想。

淑英和我在一起相处的这两周,除了和我谈感情和生活的事,也会时常鼓励我,她会给我讲一些励志人物的故事,如天生没手没腿的力克·胡哲、中国台湾著名残疾人画家黄美廉、中国台湾知名作家杏林子、新加坡著名影星陈成贵和太太吕院雅的感人的爱情故事等等。除此她还送我两本激励书:《人生不设限》和《云中的约会》。这是我第一次听到看到他们的故事，的确给了我莫大的鼓励，也让我知道，即便是残疾人也能创造生命的奇迹。当淑英给我介绍力克·胡哲，讲到很多关于他的故事的时候，引起了我很强烈的好奇心，我被他的人生经历所感染，我问淑英："我们能不能和力克·胡哲取得联系，我和他可以相互勉励。"她回答："或许有一天我们会见到他。"我哈哈一笑，说："好啊，盼望有朝一日和他一起分享我们的故事。"

淑英要走的前一个晚上，到三姐的房间去道谢，感谢他们这段时间对自己照顾，并给三姐留了 500 元钱。后来三姐用这笔钱给我买了煤，留在冬天使用。同样的，三姐对淑英说："若你妈妈和家人反对，你要放弃康宇，我们也不会怪你。我们知道我们弟弟的情况，我们也不想毁了你的幸福。没有你，我们也会照顾弟弟的，这是我们的责任。你有空的时候，可以随时来看他，我们是欢迎你的。"淑英告诉他们："你们放心吧，我的家人会接受他的，我会回来的。"

淑英走的那一天，我交给她一份礼物带回家送给妈妈。淑英还没来的时候，我就托三姐到商厦帮我买了一套陶瓷茶具，这也是瓷都唐山的特产之一。虽然我不能亲自到马来西亚去见淑英的家人，但希望他们可以透过这份礼物看见我的真诚。那天我真的非常依依不舍，心里非常的难过，不愿意这位心爱的女人离开我。虽然我们离结婚还是那么的遥远，但通过这段日子的相处，我们仿佛成为相濡以沫的夫妻，如影随形。特别是她那颗天使般的心，早已将我温暖而融化。

淑英离开唐山之后，到西安去参加朋友的婚礼。她在那里逗留了一周后，才回马来西亚。那些日子，几乎每一天我都睡不好。我独自在房间里不断地流泪，因为我非常思念她。每当回忆和她在一起的时光，我都非常的开心和难忘，但同时也很担心她，毕竟我没有在她身边照顾她、保护她。但我深知，这一切不能由我左右和主宰，我唯有寂寞难耐望穿秋水地等待重逢。

淑英回马来西亚后，我日夜都在等待她的消息。我时不时自己在幻想，当淑英将我的实况和家人说的时候，他们会有怎么样的反应、会发生什么事情？我一直觉得自己不配她这样一个健全的女孩，我不能给她幸福，我和她的爱情是那么的不可思议。我心里想，她一定会遭到家人激烈的反对，甚至他们可能会压制她，不让她继续和我联系见面，她妈妈还可能把她赶出家门。假如这些事情真的发生，虽然不舍，但我也要劝她，我不想因为我的出现破坏她和家人的和睦。在等待的日子里，我很痛苦、很有压力。我在做心理准备，若淑英最后坚持不了，选择放弃，我一定会成全她，我绝对不会怪她、生她的气，我还要谢谢她呢，至少让我爱了一回，而且彼此还爱得这么深。若淑英选择一定要坚持和我一起，那么无论多么艰苦，我也会珍惜这个机会，和她坚持走到最后。我就在焦虑、担忧中等待着她的消息。

面对压力，坚定不移

　　自从淑英走了之后，我们村里的人也渐渐地知道我有女朋友了，而且还是一个外国人。一时间，来我家看我的人多了不少，他们都是知道这件事情来向我询问情况的。虽然我没有出门，但我知道关于我的事，村子里什么话都有，对此我深感压力。在这期间，我最亲的家人——三姐也开始变得不理解我，时不时就给我泼冷水，为我增添各种各样的烦恼。比如，每当她听到别人在议论我，就会回来说给我听。没有一句是体谅的话、没有一句是支持的话、更没有一句是可以让我听了心里舒服的话。她认为淑英是一时冲动作的决定，日后必将后悔。我独自承受着痛苦和压力，我没有告诉淑英，因为我不想增添她的烦恼。

淑英回国几天之后，才告诉家人我们家的情况。她妈妈知道后，非常失望，没有打她、没有很严厉的骂她、更没有把她赶出家门，只是找了几位朋友来帮忙劝说她放弃我。但无论他们怎么劝说，淑英还是决定要和我坚守下去。当我听到这里，呼了一口长气，心里也轻松了一些。我感到高兴，因为淑英坚持要和我相守这份爱，我也感到惊讶，没想到我所担心的结果竟然没有发生，这真是出乎我的意料。

后来淑英告诉我，当妈妈的朋友劝说时，她感到很难过，因为他们还没见过我，不了解我，就这样下了定论，难道残疾人就不能结婚吗？淑英相信，假如他们见了我，对我的评价一定会改变。淑英还对妈妈的朋友说："假如有一天，你发现你的太太卧在病床不能起来了，你还会爱她吗？还是你会和她离婚？"妈妈的朋友回答说："我当然会照顾她、爱她，但是你不一样，现在你还没结婚，还可以选择。"淑英告诉对方："虽然我们还没有结婚，但是我事先已经知道他的情况，因为我爱他，所以我愿意和他在一起，我不会离开他的。在你们眼中，看到的是他身体的缺陷，而我看到的是他内在的美。我相信有一天医生也许会把他医好。"当淑英告诉我这些的时候，我的眼泪情不自禁地掉了下来。从来不曾有人这么欣赏我、肯定我，我相信她是我生命中最了解我的人。

淑英回去后，也与她的一位比较要好的姐妹分享我们的故事，但也是同样遭到了反对。那时她觉得身边没有愿意支持她的家人和朋友，因此她决定不公开我们的事。这样，她也可以减少一点压力。我知道那时她也非常痛苦，因为除了我，她找不到可以倾诉的人。那段日子，我们常常会在电话里哭，因为哭出来之后，心里就会舒服一些。

淑英做事一向都不需要家人操心，但是对于她这次的决定，家人感到不安，也担心她受骗。

于是哥哥就提出要安排时间来中国一趟探个究竟。淑英听了这消息非常高兴，赶紧打电话通知我。当挂了电话后，我既开心但又担心。我在想，她哥哥这次来是真的来看我？还是来骂我呢？我担心他会说很多难听的话，到时淑英不但伤心，我也会失去尊严。如今我已经很有压力了，再加上这些事压力更大。

过了几周的某一天下午，淑英给我打电话，很开心地说："康宇，告诉你一件事。你还记得没手没腿的力克·胡哲吗？"

"当然记得啦！"我说。

"你知道吗？昨天，2012 年 2 月 12 日，他结婚了。"她接着说。

"是吗？真的吗？"我很惊讶。

"是的，网上有消息。"她说。

"是啊，真令人羡慕。"我说。

她接着说："是的，康宇，现在你要更加有信心哦。他能做到的，你也要实现了。"我很兴奋的回答："是的，阿英，只是我结婚晚了。"在面对压力的时候，听到这样的消息，对我来说真的是振奋，也鼓励了我。特别是在我身边的亲人无法理解并给予极力反对和各种苦恼的时候，我极度想要放弃的念头一下子全都消失了。

担心总是多余的

2012 年 5 月 19 日这一特殊的日子终于来了。淑英、她哥哥和两位妹妹乘坐早上的飞机，从吉隆坡出发飞往天津机场。同样的，这次我也是叫了那位大哥帮忙接他们，三姐也跟着一起去了。

由于这次他们有 4 个人加上行李，所以那位大哥又找来了一位朋友，他们开着两辆轿车去机场接机。有过上次接人的经验，这次他们没有打电话催我。接到淑英和家人，三姐给我打电话报了平安。在等待的时刻，我的心依然很难平静下来，担心他们在路上的安全，以及见面后会有什么事情发生。

过了两个多小时，我听到脚步声和有人说话的声音。他们放下行李走进我的房间。我看到淑英很开心的第一个进来，接着是她的哥哥和两位妹妹。我们互相打了招呼。淑英坐在我的身边，他们坐在旁边的沙发上。淑英用广东话和兄妹们说话，我听不懂他们在说些什么，但我猜淑英是在介绍我的生活，因为她时不时就会指向我的电脑、手机等。躺在炕上的我，时不时会偷望他们几眼。我看到他们的样子有些疲惫，可能很早就起床出门，坐了将近10个小时的飞机和汽车才到我家，一路折腾，没休息好吧！

我开口说："时间也不早了，你们等下吃了晚饭后就去休息。明天我们还可以继续谈。"他们也同意我说的话，大家吃过了晚饭，就去休息了。

第二天一早，他们看到天已经亮了就起床，但一看时钟，还不到6点呢！后来他们才知道，随着不同的季节，天色也有不同的变化。他们来的时候是5月了，正好是立夏之后了。这个时节，日长夜短，大概早上5点钟天就亮了，要到晚上8点钟天才渐黑。早上刚起床，还感觉冷风吹过。他们很喜欢这时候的天气。淑英告诉我："现在这里的天气就好像马来西亚的云顶高原和金马伦高原，很清新，很舒服。"

淑英兄妹四人在我家待了三天。他们吃不习惯我三姐煮的菜、喝不习惯地下水、睡不习惯炕、更不习惯上厕所和洗澡。虽然此时在家可以每天洗澡，但是因为没有下水管道，所以每次洗澡的时候，都要在地上放一个大盆，站在上面冲洗。洗完后，再将盆里的水装进垃圾桶，拿到家里后面的小河边泼掉。淑英和兄妹们从小就在城市里长大，他们从来不曾为上厕所和洗澡愁烦，但如今来到我这里不但带来不便，对他们也是一种很大的挑战。为了尽量避免上厕所，他们也减少喝水。为了更了解我所住的环境，他们也会去街上走走。对他们来说，我所居住的地方生活实在简朴，没有娱乐场所，没有大型超市，就只有一条商业街道。后来，我叫了一位开出租车的朋友载他们到唐山市里走走。他们参观了唐山抗震纪念碑、运河唐人街和百货大楼，还拍了一些照片回来与我分享。

在这3天里，淑英的哥哥时不时也会来到我的房间，揭开门帘看看我的生活情况。他们兄妹还亲眼看到我如何自己吃饭、喝水、操作电脑、听电话……他们感到很惊讶。小妹还对哥哥姐姐说："我本身是大学生，但我没想到，康宇一天学都没上过，他的知识比我懂得还多呢！这一点真的佩服他。"他们要走的那天，哥哥问了我的生活来源和经济情况。小妹也问："你可以给我姐姐幸福吗？"我回答说："我一直都对你的姐姐淑英说，我不能给她幸福。我从来也不敢向她承诺说我会给她幸福，我叫她好好地考虑。我不能给她幸福是因为我没有钱、没有房子、没有车子，不能给她很多物质的享受，但是我可以保证，我绝对不会欺负她，我会安慰她，我会尽力不让她受委屈。"

接着小妹又问："你打算什么时候和我姐姐结婚呢？"我说："这个我不能自己决定，要你们家人来决定。我只能听从，不能要求。"就这样，他们问了我一些问题，就准备离开了。走之前，二妹说："康宇，你和我姐姐的婚事就暂时放一放，过一段时间再说。"我回答她说："好的。"

在这短暂的 3 天里，我曾经以为他们兄妹 3 人会以严厉的语言刺激我，但这些都没有发生，而且他们每次进我房间谈话时，都很有礼貌并且十分尊重我。从这一点我完全可以察觉到，这个家庭的教育非常好，而且表现得非常有涵养和素质。这让我想起每当我和淑英谈到我的家庭时，我就会提到我爸爸的性格和他的为人，以及爸妈他们夫妻的关系。同时她也会提到她的爸爸对他们四兄妹的教育和影响。她爸爸在世时，常常会教导他们要乐于助人，因为施比受更为幸福。另外也教导他们要尊重每个生命，因为每个人都是独一无二的。

在他们走之前，我叫淑英的哥哥打开我之前特意在网上购买的唐山陶瓷茶杯。我按照数量给淑英的哥嫂一对、她的小妹即将结婚所以也给她一对，上面都带有古典的夫妻绘画。另外妈妈、二妹和淑英各一个卡通图案的陶瓷茶杯。她哥哥一开始婉言谢绝不想收此礼，但在我的再三劝说下，他看到我一片的诚意，接受了。

那天，淑英和他们一起坐巴士去北京游玩。在巴士上，淑英问哥哥："哥，看了康宇，你觉得怎样？"哥哥眼中含着泪，问妹妹："你真的决定和他在一起？"淑英没有一丝犹豫地回答："是的，我已经决定了。"哥哥只说了一句话："这条路很苦，真的很苦。"淑英拍拍哥哥的肩膀，泪水掉下来了。就这样一直沉默到北京。到了北京，我已经事先与"爱心姐姐"联系过，她去接待他们。"爱心姐姐"带他们去吃了一顿丰富的午餐，之后带他们到天安门一起逛逛。然后"爱心姐姐"又带他们到北京全聚德烤鸭店吃烤鸭。"爱心姐姐"让淑英将剩下的一半带回唐山给我吃。哥哥还买了两只真空烤鸭带回马来西亚给妈妈和嫂嫂品尝。大家吃过晚饭后，"爱心姐姐"先行离开，淑英和哥哥们就在附近走走，买了一些纪念品便回宾馆休息了。

第二天吃过早餐后，淑英送哥哥和两位妹妹坐高铁从北京到天津机场，他们准备回马来西亚。之后，淑英自己搭巴士从北京回到唐山，在我这里多待了一周才回去。

在淑英从北京回到我这里的路上，我一直在牵挂着她。由于淑英不是很清楚在哪里上车，结果到处询问了很多路人，花了1个小时才找到正确地点。那时候，我也很焦急、很自责，我不能陪在她身边。当她告诉我已经上了车，我才有点安心。每过15分钟，我就给她打个电话，问她已经到哪里了。我担心她在车上睡着了，错过了下车的地点。一个多小时之后，看到她出现在我面前的那一刻，我才放下了心中的大石头。

晚餐的时候，淑英陪我一起吃从北京带回来的烤鸭，这是我人生第一次吃烤鸭，非常开心。到了晚上，淑英和我分享在北京游玩的点点滴滴，以及"爱心姐姐"热情的款待和照顾。隔了一天，淑英收到哥哥的短信，知道他们三人已经平安回到了马来西亚吉隆坡。我也感到安心。

这次淑英带来了很多的行李，主要是她的衣服和书。她告诉我，每一次她来的时候，一个人只可以带 30 公斤的行李，但这次难得有哥哥和妹妹一起来，她就可以带 120 公斤的行李。不然以后她还要分很多次才可以将行李带过来。

我看到淑英似乎已经下定决心要和我在一起。虽然她的家人暂时还没有接受我，但淑英还是坚持和我在一起。她给了我很多鼓励和安慰，叫我不要担心家人的想法，她相信他们迟早会接受我。但我依然心存顾虑，不知道哥哥和妹妹们回家后如何向妈妈交代，妈妈对我和淑英的事会持怎样的态度？

人会被精神感动

在淑英第二次来我家的第六天上午，大概 10 点钟的时候，我躺在炕上感觉到房子在摇晃，开始我以为有大卡车经过。但后来摇晃的幅度越来越大，我就意识到又是地震了。自从 1976 唐山大地震之后，我们这里几乎每年都会有小震。此刻，我立即想到我的恋人淑英就在身旁，我爆发性地向她发出警告："你赶快出去！赶快出去！"但她就是不出去。我多么希望自己可以把她抱起来，立刻带她跑到外面去，但我的身体条件却不由得我这么做。我再次向她发出警告："你赶快出去！赶快出去！"但她仍没有被地震吓到，反而被我突如其来的警告惊吓。她不但没有出去，还搂着我的脖子哭着说："不要赶我出去，不要赶我出去。"地震的晃动渐渐消失了，我真为她冒出了一身冷汗。我看她哭得如此伤心，就安慰她说："好啦！好啦！现在没事了，不要哭啦。"过了几十分钟，她才慢慢缓解下来，然后对我说："无论发生什么事情，我都不会丢下你一个人不管。即便是大灾难发生，我也会想办法把你一起带出去，若不能，我就和你一起面对它。我一定会陪在你身边。"经过此事，我更加确信她对我不离不弃的爱，我决心要更加好好地珍惜和爱护她。

过了两个小时，腾讯网发布了这次地震的级数是 4.8 级。不到一会儿，我就分别接到网友的电话。首先是"爱心姐姐"打来电话慰问我的情况。过了一会儿，香港的朋友也打电话来问候我地震的情况，因为她也刚刚看到了腾讯新闻。我向她们一一说明，我很好。

甜蜜的一周结束了，又像第一次离别一样，我们含着泪水，难舍难分地作了最后的话别。淑英就这样回马来西亚了，而我也恢复了以往的平静，一个人度过漫长的日子。三姐起初以为这是淑英最后一次来看我了，她的哥哥和妹妹看了我之后一定会大失所望，会想尽办法劝说她放弃这段感情。但后来三姐发现，淑英还是一如既往的常常给我打电话，我们常常电脑视频。三姐开始向我施加各种压力，让我知难而退，主动放弃这段异国恋情。但是我和淑英经历了这么多波折，我岂能放弃呢？无论我如何努力地向她解释我和淑英这份真感情，她还是听不进去。她认为淑英不可能会嫁给我，淑英的家人也不会认同这桩婚事。我想可能三姐是因为受不住外面的话，所以才会回来向我施压。我默默地承受着精神上和心灵上的压力。

淑英回到家之后，就问妈妈情况怎么样了，但是妈妈没说什么。在那些日子里，妈妈偶尔会问起淑英有关我的事。如，生活得怎么样？三姐一家做什么工作？我的经济情况如何？假如以后在一起生活，有什么计划等等的问题。每当妈妈和淑英谈完之后，淑英都会给我打电话报告这一切。在电话里，我听到她是以很喜悦的声音来分享这一切，因为她知道妈妈已经慢慢在接受我了。我听了也感到很高兴，没想到她的妈妈在这么短的时间里就可以接受我了。虽然我在自己的家里没有得到认同，但此时淑英家人的接纳却让我的心灵得到了很大的安慰和勇气。至少我知道，我的坚持最终是有结果的。

到了 8 月末的时候，淑英告诉我，她准备买 11 月份的飞机票来看我。我听了非常高兴。我问她："阿英，你妈妈知道你要来看我吗？"她回答说："知道啊，我已经告诉妈妈了。"我又问："那么，你妈妈有说什么吗？"她说："没有啊，妈妈没说什么。"此时，我就放心了，因为我不想她瞒着家人偷偷来看我。我和淑英已经谈好了，我们一定要在她的家人的祝福下才结婚，所以我们愿意等待那一刻的来临。

大概过了两周，淑英像往日一样的给我打电话。她问我："康宇，今天我看了一部电影，你猜猜是哪一部？"我心中仿佛有了答案，但又怕说错了，所以我试探性地问她："是灾难片吗？"她说："是的。"当时我就更加肯定地回答说："是唐山大地震吗？"随即电话中就传出非常响亮的声音："哇！你是怎么想到的呀？"我回答她说："你说看了一部电影，我就猜想这部电影一定是和我有关系的。接着你回答我说是灾难片，我就更加确定是唐山大地震了。"她很开心地说："哇！康宇，你太聪明了！"我们的感情就这样伴随着生活的点点滴滴不断地升华着。

过了几天，淑英又打电话问我："康宇，你猜猜看妈妈今天和我说了些什么？"这次我很难猜得出，因为淑英在外地进修，所以她妈妈常常都会给她打电话。她还是问我："你猜猜看吧！"我说："妈妈是不是说，你回家的时候给你煮好吃的饭菜呢？"她笑嘻嘻地回答说："错了，妈妈不是说这个。"我反问她："那么，妈妈说了些什么呢？"她说："你一定想不到。今天妈妈问我什么时候结婚？"我问："那么你告诉她时间了吗？"淑英说："没有，但我告诉妈妈等这次我们见面后再商量时间。"

淑英还告诉我，妈妈问这个问题，表示她已经接受我了，并答应了我们的婚事。我非常高兴，非常感谢妈妈和淑英，以至于我没有办法控制自己的情绪，整夜处于兴奋不眠的状态。

从那时候起，我每天倒数着日子还有多少天就可以和淑英见面了。这次是我们的第三次见面，没想到她的妈妈在这么短的时间里就接受了我。后来淑英告诉我，哥哥和妹妹们看了我回去之后，除了担忧我的经济状况之外，并没有把我说得太糟糕。同时告诉妈妈："如果淑英再三坚持的话，你就答应吧！你也知道她很固执，决定了的事情是很难改变的。"我真的没想到哥哥不但没有劝妹妹放弃我，反而替我在妈妈面前说好话。我很感谢哥哥。终于，我期盼许久的这一天到来了。其实我知道对于我，淑英的哥哥不会满意，我的家庭他也不会满意，但他会被我对生命的热爱和坚强的精神所感动。

现在，每当我回想起淑英的哥哥和妹妹来看我的那一幕，都会深深地感受到淑英的家庭教育非常好，他们兄妹四人相处得非常和睦。自从她的爸爸去世之后，哥哥就成了一家之主，对三个妹妹很是疼爱。哥哥也很尊重她的自由和意愿，两个小妹也很尊重她。我记得淑英告诉我，二妹曾经发短信："姐姐，看见你这段感情的路走起来不容易，因为别人的看法总是不一样的，我很钦佩你的勇气。"我听了很感动，非常的羡慕和尊敬这种和谐幸福的家庭。淑英的妈妈更是伟大的，她辛辛苦苦地把四个孩子养大，没有怨言，只盼他们日后都成才，并拥有自己幸福美满的家庭。我感谢上天，不但给了我一位贤妻，还给了我一个完整的家。

不离不弃的爱

　　这次淑英没有到天津机场，因为亚航已经没有从吉隆坡直飞天津的航班了。因此她买了 2012 年 11 月 29 日下午 6 点 45 分，从吉隆坡飞往北京的机票。原本飞机是在凌晨 12 点 50 分抵达北京机场，但因为那天有很强烈的台风，导致飞机没办法降落，被迫飞往浙江，着落在杭州机场等待消息。

　　那一夜，我一直没有睡觉，一直在等淑英的电话。到了凌晨 1 点多的时候，我收到她的短信，告诉我机组人员向所有乘客发出报告，说等风减小了再重新飞往北京。她还让我不用担心，等一会再与我联系。我给她回短信说："好吧！"此时我听到窗外的风声非常大，被风刮起的沙石打在玻璃窗"啪啪"

作响。我的心跳得很快也很紧张。我想，如果飞行员决定不再返回北京的话，那么淑英就只好从杭州改为火车来唐山。这样一来，又要花两天的时间。我内心感到非常的惭愧和不安，心想，如果我能去接她，那该多好啊！就这样想着想着，大概到了3点40多分，我的手机短信响了。我迫不及待地拿起手机去看里面的信息。"刚才机组人员已经通知准备起飞，飞往北京了。"这一刻，我的心才平静下来。

不到早上6点，淑英告诉我，她已经平安抵达北京机场了。下飞机之后，她会在附近寻找从北京机场直达唐山车站的汽车售票点，因为我事先已经询问过唐山车站，知道它们有往返京唐的机场巴士。10点多钟，淑英给我发来信息，她乘坐第一趟巴士赶往唐山。

离别后的重逢，总会让我感到非常开心。我立即给开出租车的朋友打电话去接淑英。大概1点多的时候，我的朋友打来电话说已经接到淑英了。我非常兴奋地等待着她，因为我心里很清楚，心爱的人马上就要回到我身旁了。

过了一个小时，我听有汽车开到我家门前。很快，我就看到淑英出现在我面前。当时我的内心极度期待和盼望，我情不自禁地流下了泪水，因为她每次漂洋过海到我这里，都是那么的辛苦。我知道这一切都是为了情（不离不弃的爱）。她先坐在我身旁，一边给我擦眼泪，一边问我："你怎么哭啦？"我说："看到你很开心。"她说："开心应该笑才对啊？"我说："每当我受感动很强烈的时候，就会流泪，这是我欣慰的表达。"其实我自己深知，当我心爱的女人来到我身旁的时候，我才有了真正的依靠，我才变得那么的强大。

每次淑英来看我的时候，她都会带很多行李，其中有给我买的吃的和用的，也会给三姐一家带来礼物。这次她又给三姐的女儿买了巧克力、糖果和饼干，还有手表呢！另外，淑英的妈妈这次给我买了补品——6罐鸡精，并给三姐带了一个新的皮包。我非常高兴，因为她妈妈不但接受了我，还给我和我家人买了礼物。每次淑英来看一趟我都要花费不少，机票、车票、礼物都是用她自己省吃俭用的钱买的。她现在还在进修，没有收入，所以都是用之前打工存下的积蓄。每次她走之前还会给我留下几百块钱，让我有钱可以叫三姐给我买些鱼肉来吃，但我总是舍不得花这些钱。

这次我们的重逢，话题主要围绕在结婚这件事情上。当我们在选择婚期的时候，我优先考虑淑英家人的时间，以及对气候的适应。原本我们要订在2013年11月之后举办婚礼，因为那时淑英已经结束她的进修，可以有更多的时间去筹备婚事。但后来我想到，那个时候已经是冬天了，我担心她的家人，尤其是妈妈不能适应寒冷的气候。经过一番讨论之后，我们暂定2013年8月结婚，因为那时在马来西亚有两到三天的假期（马来西亚人的新年），所以她的家人就不需要向公司请太多天假。

当我和淑英一起谈论婚事的细节时，我深深地感受到她真的是上帝为我预备的天使，因为我一切的缺点，她都可以配合。我知道结婚对每个女人来说都是终身大事。她们都希望自己可以穿上美丽高雅的婚纱，摆各种姿势拍下自己最美丽的样子作为永久的纪念。婚礼当天，她们更希望自己心爱的男人可以牵着她的手走向红地毯，与亲朋好友一同庆祝。但这些我都难以给她，我一直都在为这些事愁烦。

淑英告诉我，多年前她曾经告诉妈妈，假如她结婚，一切从简。原因是她认为结婚那一天是短暂的，结婚后的日子是漫长的，所以应该花更多的心思去规划婚后的日子，而非短暂的那一天。这是她的婚姻观。她只想拍一张婚纱照，洗出来放大摆在房间里就可以了。她认为，结婚礼仪方面最重要的是宣誓、交换戒指和祝福的环节，其他的都可以随机做出改变。我万万没想到，淑英想要的婚礼是那么的简朴，连我这样只能躺着的人，也可以满足她的要求。这简直叫人难以相信，不可思议！这回我真的是放心了。

我们重逢大概一周后，就开始上淘宝网物色婚纱，我想给淑英留下永远的纪念，因为我听说很多人的婚纱都是从影楼租来的，只那么一天就要几百块钱。那么，在淘宝网上买婚纱岂不是一举两得，何乐而不为呢！

我挑选了几款婚纱供淑英选择，最后她看重了一件韩版蕾丝公主抹胸婚纱。之后我又给她增添了新娘手套、头纱、裙撑和披肩，总共花了165元。我还花了60元给她买了一条珍珠项链作为配饰。没过几天，东西就送到了，淑英试穿了之后感觉很合身，很满意。

　　我选定了一个时间，请干弟弟到我家来，帮忙拍婚纱照。他还带了他的媳妇一起过来给淑英化妆，帮她穿婚纱。我也穿上一套西服，这西服是我妈妈在世时买给我，准备让我过年的时候穿。我躺在炕上，淑英的脸贴近我的头，我们就这样拍了几张婚纱照。我们一边拍，一边不停地笑，此时我真的感到很幸福。我们的笑声惊动了三姐，她打开房门看到我们在拍婚纱照，脸上一点笑容也没有地关上门，走了……

相信产生奇迹

这次回来，淑英和我待了将近 1 个月。在这段时间里，我们虽然有欢乐的时光，但很多时候我和她都是流着泪度过的，有时还抱在一起痛哭一场，因为这次我把三姐之前如何反对和施压于我的事情一五一十地告诉了她。她听了之后非常难过，原本她以为她的家人已经接受了我，接下来可以高高兴兴地筹备我们的婚事，但她没想到我的家人这一关还没有通过。在这期间，三姐对我们的态度不是很好，为了避免争吵，大部分的时间我和淑英都是吃她从马来西亚带来的方便面，或者她到街上买些吃的。

淑英来了大概有两个星期，有一天三姐到我的房间，对我说："她（淑英）既然什么都愿意接受你，那么以后你的卫生问题就不要再叫你三姐夫管了。"说完扭头就走了。我只好将这件事告诉淑英，淑英很愿意承担这件事情，到了第二天早上，她给我洗漱，之后我就教她在我腿上放一个小凳子，之后将便盆放在我的屁股下，我就这样"上厕所"。完了之后，她帮我处理接下来的事情。就这样，淑英每天负责我的卫生，直到她走了之后，三姐夫再继续接手这些事情。

淑英要走的前两天，她到三姐的房间对三姐和三姐夫说："谢谢你们这段时间的照顾。过两天我就要走了，要麻烦你们帮我暂时照顾康宇。明年我会再回来，以后我会好好照顾康宇的。"三姐并没有给淑英好脸色，她很不高兴地说："假如你现在想放弃他还来得及，我们也不会怪你的。你走了，我们还是会照顾他的，因为他是我弟弟。"淑英告诉他们，她的家人，包括妈妈已经接受了我，而且已经计划好了明年就结婚，所以她不会放弃的。淑英还说，即使她嫁给我，我第二天就死了，她也会坚持和我结婚。假如这次她还没来得及回来，我就死了，她也会和我结婚。三姐笑了一下，接着又说："康宇没工作，以后你们的生活怎么办？"淑英回答说："你放心吧！我和康宇不会连累你们的。我有手有脚，只要肯努力，我相信我们一定可以生活下去的。"后来三姐告诉淑英，因为淑英的出现，她和我的关系闹得很僵，常常吵架……假如她真的要和我结婚，就让我们搬出去住，因为这房子不是我的。淑英同意了："我和康宇现在没有钱买房子，但我们会努力。只要我们有钱买房子，我们一定会搬出去的。"

淑英和三姐谈了半个小时，我想淑英也应该向三姐交代完了。于是我打电话给三姐，让淑英回来。她回到我房间之后，我便问她刚刚都和三姐说了什么，她吞吞吐吐地说了几句，然后就抱着我大哭了一场。

那时，我非常的心疼她，我知道她一定是受了委屈。后来，她告诉我刚才和三姐对话的整个过程。她对我说："对不起，我暂时还不能立刻和你结婚。我走了之后，你一定会受很多苦，我会很心疼……"我安慰她说："宝贝，不要紧的，我知道你明年 6 月之后才进修完课程。我会坚强地活着等你回来。"她继续说："康宇，你放心吧！我一定会坚持和你在一起的。我会证明给每一个人，让他们相信我们是真心相爱，并且会永远在一起，直到死我们才会分开。我相信时间就是最好的证明。"说完我们又抱在一起哭了起来……

我知道接下来我的日子一定不会很好过，但我也不想让淑英挂虑太多，免得影响她的心情和最后学习的阶段。

淑英走的那一天，我的心情和前两次完全不同，因为除了依依不舍，我的心里非常非常痛苦，真是有苦难言。接下来的日子，所发生的每一件事都不在我的预料之中，我所承受的痛苦和压力几乎已经到了极限。若淑英再晚一点出现的话，可能真的永远都不能再见到我了。这种经历对一个正常的人来说是难以忍受的，更何况我还是一个长期卧在病床上的人呢!

在信念的指引下

淑英走没几天，三姐就对我说："冬天用的煤烧完了之后，再添煤的时候，你就自己买吧。我们可以帮你生炉子，但买煤的钱你要自己出。"我答应她了。

过去两年，都是三姐付这笔钱的，因为她知道我没有收入。我只有每三个月得到一些政府给残疾人的低保钱，一年大概共有2300元。这些钱我主要花在夏天降温和冬天取暖的空调电费（那段时间我要开空调）、电话费（每个月平均50元）和个人生活的开销上。剩余的钱我就会存起来，以防日后需要的时候用。

在等待淑英回来与我结婚的这七个月里，三姐更加强烈的反对我的婚事。这次，她除了在言语上伤害我，还威胁到我的生活。为了避免和她争吵，每天早上我就吃几块饼干或者一个小面包；我的嘴不能张大，一粒花生我需要分开两半才可以吃，加上我是躺着吃饭，所以我要慢慢吞嚼食物，尤其是吃肉或鱼会更慢。有时候，我的饭刚吃到一半，三姐就到我房间来问："你吃完了吗？我要洗碗了。"为了尽量减少我们之间的不愉快，我也只能说吃完了。那段时间，我常常吃不饱。有时吃剩的饭菜，三姐给我加热再吃。若我不吃，就只有挨饿了。

有时候我会给三姐钱，让她帮我买一个鸡腿或打包餐馆的饭菜。记得有一次，她带着女儿去北京玩，我要求她煮2个鸡蛋放在我身旁，加上一瓶水，这就是我一天的食物了。对我来说，只要有一口饭吃不被饿死、有一滴水喝不被渴死，我就要坚持活下去。另外每天早上，三姐夫依然给我打理卫生。尽管有时候他的脸色不怎么好，我想肯定是他感到压力了。在这期间，三姐夫一周给我剃胡须一次。当我感到胡须太长了，就求助三姐的女儿帮我剃。大概十天左右，三姐夫给我洗澡一次。到了冬天的时候，三个星期我才洗澡一次。没办法，我的确需要有人帮忙照顾，所以我要忍受这一切。

在那段日子里，我每天都生活在压抑中。每当我听到三姐出行的脚步声，我的心跳就会加速，甚至很难喘气。我害怕她和我说"传言"，她说"传言"时的那种表情实在可怕；无论我怎么说，她都听不进去。每次我们都是以吵架结束对话。像有的人说我不能给女人幸福，所以我不配做他人的丈夫；有的人说我不能给女人财富，因此我不能保护所爱之人；有的人说我这样的男人，就不该娶妻子，否则我就是太自私的人了。

说实话，那段日子我也反复地在问自己：我是不是做错了？我是不是真的应该放弃？我应该放弃这位爱我很深的女人吗？我应该放弃这位想和我同床共梦、长相厮守的爱人吗？我怎样做才对、才好呢？我真的要放弃吗？放弃了又怎样，又会如何呢？难道我放弃了这个婚姻，我在别人眼中我就是伟大的吗？难道我放弃了爱人，我就保护了她吗？我放弃了爱人，我在世人眼中就荣耀吗？为此事我思前想后，不断地挣扎。

最后我的内心告诉我："不！不会的。即使我这样做了，我还是原来的我，还是那个只能躺在床上不能动的李康宇。我还是那个被亲人、被世人忽略的人。没有人知道我是一个怎样活过来的人，没有人知道我走过的路，没有人知道我历尽的沧桑。即便我死了，也没有人会发现我，也不会给别人带来影响，因为在他们眼中我是一个非常普通的人而已。与其这样，我不如轰轰烈烈地爱一回。"得到的总比失去的好，我觉得每个人都有自私的一面，只是每个人自私的方式不同。换个角度去想，假如你有我这样的经历，从小得病直到如今还是只能躺在床上，而现在却难得有这么好的爱情，有这么好的女孩的爱，有这么好的女孩愿意照顾你、陪伴你，你会放弃吗？

我知道三姐本性是善良的，我不和她计较。在那些日子里，淑英的鼓励和支持，让我能够承受任何艰难。虽然我们相隔千里，但淑英每天给我打电话或者电脑视频让我看她做事，仿佛她一直都在我身边一样。同样的，在反对的声音中，淑英仍坚定不移的要和我在一起，因为她的信念在支撑着她。她常说："不要怕前面的路，虽然我们看不见，但上天已经为我们铺好路了。只要我们愿意踏出信心的一步，我们就会看见和经历到满满的祝福和恩典。"

感谢淑英！

第三部分

去创造属于你的奇迹

虽然很疲倦，但躺在炕上的我还是按捺不住内心的喜悦，我手里一直拿着我们的结婚证，叹息道："这简直不可思议！我是不是在做梦啊？"我叫淑英掐一下我的脸，看看自己是不是在做梦。淑英来到我身边掐了我一下，我才敢确定这不是梦，一切都是真的……

困难面前不能退缩

　　淑英回到马来西亚之后，我就开始上网搜索有关国际婚姻的问题，因为我知道这是一件很繁琐的事。当时在我身边没有一个亲人会帮助我处理这些事，所以我一定要靠自己的努力掌握办理国际婚姻的流程。

　　开始上网时，我也不知道应该从哪里着手，所以我不停地在查。我输入"中国人与马来西亚人结婚都需要什么手续"、"国际婚姻都需要办什么手续"、"跨国婚姻需要什么证明"……我看了很多资料，但内容都有所不同。看了很久，我才渐渐地明白了一些流程。我只能说，这过程实在复杂，因为单单在中国，不同的省就有不同的要求，所以必须按照各省的要求去处理。

假如当中少了一个证件，都没办法通过。最后，我决定向所在省会的河北省民政厅打电话直接询问。负责人把相关事项讲给我听，我似懂非懂。隔了几个星期之后，我又打电话询问细节，我花了将近4个多月的时间，打了5次电话，才真正听明白他们所需要的证件资料。

在询问的这段时间里，到了3月份，淑英也打电话告诉我："康宇，我已经问明白了。在办理跨国婚姻时，必须使用我们双方的护照作为身份的证明，而不是身份证，所以你要赶紧去办护照。过后你要把护照寄给我，我拿着你的原版护照去马来西亚婚姻注册局宣誓。假如没有护照，就不能去登记结婚了。"我听了之后，赶紧上网查询办理护照都需要哪些资料。

很快，我掌握了办理护照的基本流程。首先必须具备二代身份证（中华人民共和国第二代居民身份证的简称）和户口本，然后到户口所在地的公安局出入境管理处申请办理护照。之后填写一份个人和家庭住址资料，并在公安局出入境管理处现场拍照。手续办理完，付款后（当时护照费是200元，拍照30元），大约10个工作日左右就可以领取护照了。

此时，我想起了我的身份证是在1999年办理的，早已过期了。因此我就给当地派出所打电话，请他们给予一些便利。派出所工作人员没办法提供上门服务，我必须到现场拍照。没办法，我只好和三姐夫商量，求他带我过去，但是三姐夫告诉我，即使我去了也没办法拍照，因为必须坐着或站着才可以拍照。我就请求三姐夫去一趟派出所，将我的情况告诉他们，希望他们可以给我提供帮助。三姐夫回来告诉我，还是没办法，因为必须坐着或站着才可以拍照。当时我就非常的失望，心里特别的郁闷。

我思索着到底要用什么办法才能办下这个二代身份证。托人找关系？可是身边又没有可以帮我的人。我大脑一边过滤着，心里一边挣扎着，用得着这样做吗？我是中华人民共和国合法公民，公安机关有义务发给我身份证件。这时我突然想起求助市长热线，电话号码是12345。打通之后，工作人员热情地问我需要什么帮助。我诚恳地对他说明我需要办理身份证的事宜。他对我说："不要着急，我们已经受理了你的问题，我们会尽快向有关部门反应你的问题。请你耐心等待我们的回话。"挂了电话之后，我的心情才好了一些。

就在当天下午3点多的时候，我正在看网络上新闻时，电话响了，我接通电话，对方问我："你是李康宇吗？"我说："是的。"他继续说："我是柳树圈派出所，你反映的情况我们得到市长热线的通知，由于你特殊的情况，我们找了当地照相馆的摄影师到你家去给你拍证件照。我把他的电话号码给你，你和他联系一下，告诉他你家的住址。"挂了电话后，我立即给摄影师打电话，将我家的地址告诉他。之后的第3天，摄影师就来我家给我拍照了。

事情进展得很顺利，拍完照之后，大概过了50多天，派出所打电话通知我去取身份证，我就请朋友帮我拿了回来。

拿到身份证的那一刻，我特别的开心，第一个有效证件总算具备了。接下来，我准备办理护照，但是让我万分苦恼的是，本来有两位朋友可以帮助我完成这件事情，但由于他们了解三姐反对我结婚的想法，所以他们有很大的顾虑。三姐甚至找过他们，让他们不要帮助我。其中有一个朋友感到非常为难，并开始疏远我。我发现这个问题之后，非常焦虑。如果他们真不管我的话，那么淑英和我办结婚手续，就会出现很大的障碍。

我明白朋友不想卷入我这么复杂的家务事中，我理解朋友的感受。但是我还是鼓起了勇气，给那位朋友打电话，请求他帮忙带我去唐山公安局。他非常为难，我就再三地对他说："哥哥，你看情看脸就再帮助我这一次吧。"他听了我这样苦苦地请求，不忍拒绝，无奈地答应了我。我也曾想过花钱雇人帮忙，但是自己的经济又很缺乏。

我先给唐山市公安局服务部门打了电话，将我的情况告诉他们。他们很热情，并说会给我提供方便。2013年5月28日，我请开出租车的朋友和另外一位朋友把我抬上车，载我去唐山市公安局出入境管理处。我的朋友先进去将我的情况告诉他们，之后他们两人就把我抬进去了。由于我不能坐，不能站，摄像人员很难给我拍照，最后我的两位朋友架着我，就这样把照片拍下了。照片洗出来之后，我的朋友帮我填写资料表，我签了字并付了230元钱。

过了 10 天，我拿到了护照。之后，赶紧请朋友帮我去邮政局寄给淑英。由于时间急迫，我花了 135 元钱用国际特快将护照寄给她，保证一周可以拿到。淑英收到护照后，立即给我打电话，这时我的心才安定下来。接着，她就按照我之前给河北省民政厅打电话询问到的情况，从马来西亚带 2 份证件（白色纸的宣誓证明和蓝色纸的单身证明）来到中国，这样我们才可以去注册结婚。

2013 年 7 月 3 日早上 7 点半，淑英开车载着二妹，一起去吉隆坡布城联邦直辖区行政中心。到了之后，她们直接到二楼的马来西亚国家登记局内政部的柜台询问，要如何办理国际婚姻。服务人员给她们说明之后，交给她们一张法定声明的表格填写。淑英填完后，就到注册部宣誓（此证件是淑英诚心宣誓，她不曾和任何人结婚，做出此宣誓是为了要为婚姻做出注册）。工作人员检查所有证件，包括淑英的马来西亚身份证、护照和我的护照，之后马来西亚宣誓官就在这证件上签名和盖章，表示已经通过。而后她们拿着这张证件再回到二楼，交给柜台处理。等了不到半小时，柜台又发了一张单身婚姻状况证明给淑英（此证明证明淑英是单身人士，不曾有过任何结婚记录），并由马来西亚婚姻总注册官签名和盖章。另外工作人员还告诉她必须带着这两份证件到马来西亚外交部盖章。因为我们的婚姻是跨国婚姻，因此所有的证件都需要有外交部的盖章，以示通过。淑英付了款，就和妹妹一起赶往马来西亚外交部。工作人员对证件进行检查后，他们排队在办理处，大概半小时之后就都办理完成了。淑英付款的时候，工作人员告诉她，拿着这两份外交部盖了章的证件到中华人民共和国驻马来西亚大使馆认证，这样才算是完成程序。

我在家一直等待着淑英的消息，心里很焦急，担心在这过程中有任何的疏漏。假如证件有误，即使淑英来到中国，她还是需要回马来西亚补办，这样的话，我们要注册结婚的事就会被拖延。两个国家一来一回是多么的耗费时间和金钱啊！因此，在这个过程中，不能有任何的差错。快到中午 11 点多，淑英给我打电话过来。她将整个经过告诉我，并说："明天早上我会到中华人民共和国驻马来西亚大使馆一趟，将今天这两份证件拿去认证，并且去办签证，因为我已经买了 7 月 19 日的机票去中国。"

次日早上不到 8 点，淑英自己开车去中华人民共和国驻马来西亚大使馆。她先到一楼的办事处，将这两个证件交给工作人员。工作人员告诉她："两张证件的认证费是 160 马币（相当于人民币 300 多元），4 个工作日之后就可以来领取了。"工作人员嘱咐淑英："这两张证件你要带去中国，你最好问一下当地省民政厅是否需要翻译，因为不同的省有不同的要求。"淑英道谢之后，赶紧给我打电话，要我问清楚河北省民政厅是否需要将这两份马来文和英文的证件翻译成中文，我赶紧确定了这件事情。

接着淑英又到了二楼去办签证。排队拿了表格，填完后交给柜台。她除了带自己的护照之外，还另外拿了7本护照一同交给柜台。这7本护照包括妈妈、哥哥、嫂嫂、嫂嫂的妈妈、二妹、小妹和二妹的男友，他们都买了机票准备来中国参加我们的婚礼。这次办签证需要有邀请函，所以我事先请朋友代笔写好，当我寄护照给淑英的时候，也将邀请函一同寄上了。同样的，4个工作日之后就可以取护照了。这8本护照的签证费一共花了554元马币（相当于人民币1050元）。我和淑英商量后，决定这几百元的签证费我们自己付，因为本来这些钱也是淑英的家人和亲戚给的贺礼。

到了晚上，淑英的家人问她今天事情办得顺利吗，淑英就告诉他们一切都很顺利，只是还有一个很棘手的问题，那就是证件需要翻译，而且必须拿到法院去翻译、盖章才有效。淑英不认识相关的熟人，也不知道应该如何着手才好。家人们安慰她不要太过担心，还有时间去处理。我知道后也很担心，但这件事我完全帮不上淑英的忙，我唯有等待她的消息。

时间一天又一天地过去了，淑英非常的担忧，也很无助。难道我们就被卡在这里？证件没有被翻译，淑英来中国也没用，还是白跑一趟，而且这两份证件有效期为150天，逾期视为无效。假如在150天内没办成，淑英又要重新走流程。唉！怎么办呢？真叫人伤脑筋。

7月9日晚上，淑英在家接到二妹的电话："姐姐，我现在和朋友喝茶聊起你的事。她告诉我，她有一位高中同学在法院里当翻译员，这位朋友或许可以帮上忙。"二妹把电话号码给了淑英，让淑英与对方联系。

次日早上，淑英开车到中华人民共和国驻马来西亚大使馆去领取证件和护照。值得庆幸的是，这两份证件已经被认证了，并由中华人民共和国驻马来西亚大使馆，二等秘书兼领事盖章。另外，所有护照的签证也都批下来了，真是可喜可贺。

淑英离开后，赶紧与那位在法院里当翻译员的朋友联系，并将情况告诉她。她很乐意帮忙，给了淑英地址。巧合的是，这个法院离淑英的家非常近，开车不用半小时就抵达了。这是淑英第一次去法院，与这位翻译员见面后，她向对方咨询了具体的流程："需要多久的时间才能翻译好呢？"

"3 天时间。"翻译员回答。

淑英算了算日期，时间不够，因为翻译了之后还要去马来西亚外交部盖章，之后再到中华人民共和国驻马来西亚大使馆认证。这样一来又要一周的时间了，但是淑英下周五（19 日）就要坐飞机来中国了。淑英将这事告诉对方，请她行个方便，希望可以更快翻译好。她叫淑英稍等一会儿，便确定了这件事："你若可以等，我现在赶紧给你翻译，因为我现在有空。假如你明天来的话，我就没时间了。"淑英听了非常高兴，在那里等了一个小时，就把事情办妥了。

在等对方的时候，淑英打电话来告诉我这个好消息，我听了非常激动。我们在电话里不停地说："谢天谢地，这一切仿佛是上天为我们安排的。真是太奇妙了！"

淑英不想将这事拖延，虽然离开时已经是中午了，但她还是立即开车去了马来西亚外交部，将文件拿给工作人员检查、盖章后，才开车回家。

7月11日早上7点半，淑英又去中华人民共和国驻马来西亚大使馆将这两份翻译的文件交给工作人员认证。同样的，要4个工作日之后才可以拿到。每当淑英告诉我她要到不同地方去办事的时候，我都会特别心疼她，担心她在路上的安全，也自责自己无法亲自陪着她同行。但她不从埋怨，对此我真的非常感恩。

我只想快点把这些事办好，并盼望淑英顺利地来到中国。终于，在7月17日，淑英把相关文件都办好，带着原版的宣誓证明和单身证明，并加上两份已翻译成中文的文件一同来到中国，准备和我注册结婚。就这样，我们这对恋人，几经周折，通过通讯和网络的了解，加上好心人的帮助，总算可以登记结婚了。

坚持与收获

7月19日下午6点45分,淑英从吉隆机场起飞来与我团聚。这是我们第四次见面,我的心情和以往不同,因为我知道这次她会一直陪在我身旁,我们即将成为相濡以沫的夫妻,永远厮守在一起。

每次她来看我,我前前后后几天都会失眠,总是牵挂,直到她出现在我面前,我的心才安定下来。

这次同样的,淑英到达后先在北京机场休息,早上10点30分再坐大巴到唐山。大概1点多的时候,我的出租车朋友去接她。我事先已经通知这位朋友和淑英,让他们先到唐山丰南区的惠达宾馆看看,因为我打算在那里举办婚礼。

到了宾馆，他们要求见客房部经理。我的朋友先开口，将我的情况告诉了对方。对方明白了他们的来意，对我们的婚姻深表感动。客房部经理告诉淑英，房间一律打折，以最低价计算。这是因为我们的婚礼情况特殊，所以才会得到这样的待遇。客房部经理带着他们去看了房间和餐厅，淑英非常满意，打电话问我意见，我同意，暂订8日至10日预留5个房间。

因为当时还未确定结婚的日子到底是8月8日还是9日，淑英给酒店留下200元定金，客房经理答应尽可能为我们保留，并把婚礼酒席的价钱和菜谱介绍给淑英……

我在家一直等着淑英的到来，心里非常激动，因为我知道我天天挂念的恋人终于要来到我的身边，再也不会离开我了。过了半小时，我听到汽车的声音，知道他们到了。淑英进到我的房间，原本脸上带着微笑的她，一看到我就很难过地问："康宇，我们都快要结婚了，为什么你却面黄肌瘦啊？你怎么啦？"她情不自禁地抱着我，流下了眼泪。我知道她非常的心疼我，所以我就开玩笑说："是吗？我很久没有照镜子了，我都不知道呢。"此时，我想起了三姐的话，她说有人说我活不了多久了。在等待淑英的这些日子里，我真的像是与死神搏斗，最亲的人常用各种语言刺激我，向我施加压力，我几乎要奄奄一息了。如今淑英终于回到我身边了，任何困难我都不怕了，因为我知道她是我的依靠，她肯定能与我一起面对，我再也不会感到孤单。

2013 年 7 月 20 日，淑英回到我身边之后，我就再也不需要三姐帮我煮饭菜了，也不需要三姐夫帮我打理卫生了（只是我洗澡的时候，要他帮忙抱我到洗澡间），因为这一切我的爱人将会全权负责。早餐，淑英给我吃她从马来西亚带来的蛋糕、饼干或麦片。午餐和晚餐，我就叫淑英给我煮面条吃。因为平日我自己吃不了东西，也没有人喂我，如今淑英已经来到我身边，只要我告诉她我想吃什么，她都会给我做或买给我。

淑英休息了一天，我告诉她，我们要准备去登记结婚了。她很高兴。我打电话给上次帮我拍证件照的那位摄影师，让他到我家帮我们拍了办结婚证用的照片。

之前，我已经事先跟河北省民政厅打电话将我的情况告诉了他们。负责人告诉我去的时候，会给我提供方便，先给我办。我们预约在 7 月 24 日，那天我们原本定好了凌晨 2 点 30 分开车前往（我们要在 10 点之前赶到），但不巧我那位开出租车的朋友头天晚上拉肚子睡不着觉，就给我打电话问可否提前出发。当时我和淑英还没睡，就答应了。我挂了电话看看时钟——11 点 40 分，不到 10 分钟，朋友就到我家了，他把他的小轿车的后座拆掉，和淑英一起把我抬进车里，我们便出发了。

一路上我都没有睡觉，因为心情真的很复杂。又是激动，又是担心，生怕淑英从马来西亚带来的文件不齐全。我躺在车里回想，为了和淑英结婚，30 多年不曾出门的我，在这短短 3 个月内出门 3 次。若不是她的到来，我可能这一辈子就这样躺在炕上。

在路上，躺在后座的我看到很多大卡车经过，看着它们朝着我的方向开过来。我时不时就提醒我的朋友小心开车，不要睡着了。坐在前座的淑英可能是太累了，已经睡得很甜了……

天渐渐亮了，我们还没到石家庄。直到早上 8 点 45 分，我的朋友大声说："太好啦！我们终于到河北省民政厅了。"

淑英下车，却看到民政厅还没有开门，正准备回到车上的时候，一位女士朝门口走过来，打开了门。淑英走上前去询问问："请问，这里是河北省民政厅吗？我未婚夫已经给你们打电话预约过了。"

"是的，没想到你们这么早就到了，一路上很辛苦吧！"她一边说着一边往里面走。原来，这个人就是我们要找的负责人，淑英将她从马来西亚带来的四份文件交给她，她审核了之后让淑英把我带进去。

淑英和我的朋友把我抬进去，放在办公室的沙发上，负责人开始办理手续，她拿出两份表格，让淑英填写。最后，我要亲自在表格上签名，我知道有这个环节，所以在家的时候，就拿着笔不断地在练习签字，甚至在车上，我手上还拿着笔练习呢！

这一刻我非常紧张、心很慌，我担心签不好。最后我的名字写得还是有点歪了。负责人看了之后确定没问题，让我按了手印，我"咚咚咚"跳个不停的心才慢慢缓解下来。

不到半个小时，负责人就将两本红色的结婚证书交给了淑英："祝福你们，现在你们已经是合法夫妻了。"看到这一幕，我的脸上流露出微笑，心里是那么的平静，因为过去的恐惧、忧虑、紧张在那一刻全部消失了。此时我感觉到自己已经变成了幸福的男人，心中充满着平安和喜悦。淑英接过结婚证，从包包里拿出一袋喜糖递给负责人："谢谢你！这是我从马来西亚带来的喜糖，送给你。对了，请问我们要交多少钱？"

"领导说过了，你们这种特殊情况不收费，给你们免了。"负责人说。

我们听了，感到出乎意料，不断向负责人道谢。此刻，我深深地感受到了政府对我的关爱，我非常感动。淑英拿着两本结婚证来到我身旁，我紧紧地把它握在手里，我是那么的兴奋和激动。旁边的朋友看了也很感动："你们各拿着一本拍个合影留个纪念吧！"

没想到这张经典的照片成为了我日后美好的回忆，我非常的珍惜，爱不释手，时不时就会打开电脑看。这张照片不但成为了我和淑英爱情历史的一幕，也是我们合法婚姻最好的见证，我们经历了那么多的苦难，终于在彼此的坚持和鼓励下修成了"正果"。如今回想起当时的情景，还是那么的甜蜜和难忘，仿佛刚发生一样……

问题自会得到解决

我们兴奋地离开了河北省民政厅，按照负责人给我们的地址赶往河北省石家庄市燕赵公证处。如今淑英已经成为我合法的妻子了，但是她在马来西亚还未登记已婚，按马来西亚的律法，她还是单身人士。因此我们需要到公证处作公证书，内容主要是证明我和淑英于 2013 年 7 月 24 日在中华人民共和国河北省民政厅已经登记结婚了。

在办完事返回家的路上，我整个人感到很轻松，这几个月以来我一直为办结婚的事费心担忧，今天总算可以放下心中的各种担忧了。

自从 2011 年 11 月 19 日我和淑英订婚之后，周围一直有很多人质疑我们这份感情，他们不相信我们会结婚。经过一年零八个月的时间考验，在反对、压迫和种种考验之下，我们不但没有放弃起初的爱，且爱得难舍难分。我打心底流露出甜蜜、幸福的笑容，我真的很快乐。我的朋友也为我们感到开心，他们还在微博里祝福我们永远相爱。快到家的时候，我们听到广播里播出朋友送给我们的祝福，那一刻，我们都笑了，每个人的心情都是那么的愉快。

晚上7点，车子停在我家门口了。还没下车，就看到三姐已经站在门外等候了（早上10点多，她看到我房间的门一直关着，就进来看看，发现我和淑英没在，赶紧打电话问我去哪里了，我告诉她，我们去办结婚证了）。她一看到我就开口问："结婚证办成了吗？"我简单地回她一句，"办好了。"淑英和我的朋友就把我抬进房间了。

虽然很疲倦，但躺在炕上的我还是按捺不住内心的喜悦，我手里一直拿着我们的结婚证，感叹道："这简直不可思议！我是不是在做梦啊？"我叫淑英掐一下我的脸，看看自己是不是在做梦。淑英来到我身边掐了我一下，我知道这不是梦，这一切都是真的……那天我真的太开心了，不知道何时，我进入了甜蜜的梦乡……

第二天醒来，回想前一天的事，我自己还是会在那里发笑。淑英看到我这样，也感到非常开心。午饭前，三姐走进我的房间，很严肃地对我说："这间房子是我和我丈夫的，房本上没有你的名字，所以这房子不属于你。"我和淑英从来就没想过要这个房子，我们有计划想要买房子，但我们目前没有钱，有朝一日我们一定会搬出去。我说："知道，我没想过要这房子。"她继续说："我要找会计，到时你要签字承认这房子不是你的。"我表示同意："好的，最好请支部书记和村长来作证明（当然此事至今还没发生）。"

我和淑英已经拿到结婚证了，但是三姐还是难以接受这个事实。起初的日子里，她的心里很不平衡，情绪也不稳定。她知道接下来我要准备筹办婚事了。有一天，她到我房间，对我说："你结婚不要请家里人和亲戚，接待淑英的家人就行了。"

我说："有几位和我有来往的朋友，我一定要告诉他们。我也通知了村里的村干部。"三姐听后勉强答应了（三姐不让我请家族和亲戚的意思是，怕我收了礼钱之后，今后我还不起，债务会落在她的头上，所以强烈的要求我不要通知他们）。

我曾经在 2011 年 12 月毫不犹豫地借给二姐一万一千元钱盖房子，自己只剩下一些生活费（这些钱其中多半都是好心网友给我的生活自助）。我结婚虽然要花钱，但我并没有催她还钱，她也不曾来问我是不是急需用钱。假如不是淑英从马来西亚带了 5 千元，我想那时我真的需要去借钱结婚了。

直到 2013 年 12 月底，二姐才委托三姐把那一万一千元还给我，并给了我 2000 元钱的利息。这是后话。

还有 10 多天，我就要摆结婚酒席了，此时我最大的烦恼是淑英的家人到了机场后要如何来到唐山？他们已经确定乘坐8月7日下午6点的飞机，从吉隆坡飞往北京。抵达北京机场的时间估计是凌晨12点20分。他们7个人当中还有两位长辈（淑英的妈妈和嫂嫂的妈妈，年纪已过60多岁了），难道就这样在机场的椅子上躺着休息，直到第二天早上，搭乘10点30分的京唐机场巴士来到唐山，之后我再找人接他们到惠达宾馆吗？如果是这样，到达宾馆后，他们当天下午就要来参加我们的婚礼，这样实在是太辛苦了。还有一个办法就是让他们休息一天，我们8月9日早上再举行婚礼。

此时，我心里充满了内疚和自责，若不是躺在病床上，我一定会亲自开车去机场把他们接到宾馆。我身边没有朋友可以帮忙，我知道淑英的家人也明白我的处境，他们不会怪我，然而我却不断地为此事思索，希望可以想到更好的办法。

这一天，QQ网友"爱心姐姐"问我婚礼筹备的怎么样了，有什么事可以帮忙。我便把自己的烦恼讲给她听。她答应我替我想想办法。没过几天，"爱心姐姐"告诉我："小宇，我找到一位朋友帮忙，我们开两辆车去机场接他们，直接载他们到唐山，你看怎样？"我听了当然高兴，但是一想到姐姐一个人开车会很累，而且还是凌晨，我真不忍心。她却回答我："小宇，不用担心。我原本也是要从北京开车去参加你的婚礼，载上他们还可以作伴呢！"我非常感谢"爱心姐姐"对我的帮助。

后来淑英告诉我，他们的行李会很多，其中有一半都是她的衣物、书本和用品，她托家人们帮她带过来。我将这件事情告诉"爱心姐姐"之后，她又多找一位朋友，一共有 3 辆车去机场接他们。这事解决了，我的心才放了下来。接着，我就专心安排婚礼的事，如：确定出席的人数、向宾馆确定酒席桌和饭菜、找朋友帮忙买瓜子、糖果、酒和饮料……

7 月末的一天，我的一个 QQ 网友问我："你结婚的日子要到了，有请摄影师帮你们拍照录像吗？"我说："没有，找个朋友帮我拍几张照片就行了。"她说："结婚是人生大事，应该要给自己留下美好回忆。我认识一个朋友是唐山人，他或许可以帮忙摄影……"

不久，QQ 网友的朋友打电话给我："知道了你的情况后我非常感动。你 8 月 8 日结婚那天我去不了，但是我有个朋友可以帮忙，我带他来你家找你可以吗？" 8 月 3 日，他就带着朋友一起来到了我的家里。经过介绍之后，我知道他是唐山电视台"结婚这点事"栏目的编导赵老师。

赵老师了解了我的病情和爱情故事之后深受感动。他告诉我和淑英，他可以免费帮我们操办整个婚礼，包括布置、婚礼主持，这也是他的内行。我和淑英听了非常高兴，真是喜出望外。

8 月 5 日，赵老师给我打电话说："康宇，我已通知'燕赵都市报'的记者来采访你的故事。"我说："可以的。"挂了电话不久，我就接到唐山"燕赵都市报"的记者打来的电话向我询问地址。没一会儿，他们那边便来了一位记者、一位摄影师。他们采访了我的人生故事——生病、自学之路、恋爱的过程。那位记者告诉我，第二天的报纸会刊登我们当天的采访。

8月7日早上7点，我开出租车的朋友载着我和淑英入住宾馆，之后他帮我们到唐山火车站去接淑英的朋友，他是明天婚礼的主持人之一。大概到了早上9点多钟，淑英的朋友也到了宾馆。我们知道他很累，没有休息好，就先让他去休息，午餐之后我们再一起讨论第二天婚礼的流程。

我的朋友走了，只剩下我和淑英在房间里。

这是我有生以来第一次住宾馆，感觉真的很舒服。此时，我的心情特别紧张，既兴奋又期待。我听到门外有人敲门，淑英开门一看，是客房经理。她进来向我们道贺，并送了我们一份礼物留作为纪念，打开一看是一对情侣吉祥物公仔（后来，我们一直将它摆在我们的房间，每当我们夫妻俩看到这礼物，就会回忆起在宾馆时的点点滴滴）。客房经理还告诉我们，昨天她和几位同事下班后一起布置了我们的房间，想给我们惊喜，也是他们送给我们夫妻的祝福。他们在墙上挂了心形的气球，在门窗上给我们贴上了喜字，并给我们铺了红色的床单。她说："假如客人有这样的要求，我们也会帮他们铺红色床单，但是需要收费的。"我和淑英太感动了，他们精心为我们准备这么多惊喜，我们真的不知要如何答谢才好。后来，淑英送他们每人一包喜糖，并把她从马来西亚带来的钥匙扣和咖啡送给她们作为答谢。

入住宾馆不久，我就一直接到各媒体的电话，其中包括唐山电视台、河北电视台、丰南电视台、中新社、湖北"大王小王"栏目的编导……他们都想要来宾馆采访我。午饭过后，"燕赵都市报"的记者和摄影师带了两位同事一起过来。他们问了一些有关明天婚礼的事，并叫淑英拿婚纱出来看看，还拍了几张照片，大概逗留了一个多小时就离开了……

淑英的朋友睡醒后来我们的房间谈婚礼的流程，直到晚餐时间，我们 3 个人在房间里吃饭，同时接待了我儿时的玩伴（虎子），他知道我明天结婚，特地过来看我，并把礼金交给了我。

我和虎子好久不见，我们谈了很多，大概 10 点 30 分他才离开。当晚我很兴奋，几乎一夜没睡，因为我一直在等待淑英的家人，我牵挂他们在路上的安全，我也担心"爱心姐姐"和她的朋友开车时会不会太困。我心里一直牵挂着他们。淑英醒来几次见我没睡，便安慰我放心休息，但我就是睡不着，盼望天早点亮，准备举行婚礼仪式。

原本预计淑英的家人凌晨 3 点多会抵达宾馆，但由于出机场的速度延缓，耽误了一些时间，最后延迟到将近早上 6 点才抵达。

大家一整晚都没有睡觉，就抓紧时间去休息了。此时我也松了一口气，睡了大概半个小时，淑英就开始给我洗漱，打理卫生……

不到早上 7 点，三姐夫一家 3 口和几位朋友到了，他们说早来看看有什么需要帮助的，其实赞助我的婚庆公司已经把所有事情都安排好了，用不着他们做什么。

婚礼 11 点开始。淑英看时间差不多了，就找来了她的家人拍全家福。那一刻，我第一次见到丈母娘和嫂嫂。我看得出来她们很疲倦，也有点伤感。其实从那天早上开始我就怀有"两颗心"，一颗是开心，因为我终于要在众人面前和淑英一起牵手走入婚姻的殿堂，这也是作为一个男人，人生中最重要的目标和实现自己生命中的里程碑；另一颗是担心，我担心淑英的妈妈在婚礼进行中，看到我不能自理的样子控制不了情绪当众哭泣，让我没有面子，也让在场的人感到尴尬，如果真是这样，我真不知道要如何处理。虽然淑英多次告诉我，她的妈妈不会这样做，但我仍旧对此存有忧虑……

贵人与恩典

终于等到早上 11 点，婚礼即将开始。我的几个朋友和三姐夫帮忙把我抬到礼仪厅的一张沙发上，我一个人在那里等着新娘子入席。此时我非常紧张，因为 30 多年了我一直待在房间里，此时我却要一下子面对这么多人，这让我感到不适应。我一直在环顾四周，除了看到我邀请来的朋友和淑英的家人之外，还有很多媒体、宾馆的工作人员和一些我不认识的人（他们可能是周边村子的人，听到我这样的人娶了一个健康的外国媳妇，好奇想来看看吧）。这是我第一次见到这么多人近距离地看着我，假如不是淑英给我的勇气，我真的很难去面对这么多人。每当我想到我的妻子都不介意我，即使在别人的嘲笑和质疑下，她还是如往日一样的微笑的时候，我就会对自己说："我要有勇气。"

婚礼的音乐响起，来宾都站起来将目光投射在新娘子身上。淑英挽着哥哥的手踏上红地毯，一步一步缓缓地走向我……哥哥将妹妹的手交给我，意味着淑英的爸爸妈妈将她的宝贝女儿托付给了我。"放心吧，颜家的家人们，我一定会好好对待淑英，爱护她、珍惜她。"我自己喃喃自语。淑英坐在我的身边，我看到她的脸一直微笑着，很开心、很幸福的样子。接着，我们开始发表爱的誓言：

我说：

我李康宇愿意娶颜淑英做我的妻子，与她在神圣的婚约中共同生活。无论是疾病或健康、贫穷或富贵、忧愁或喜乐、逆境或顺境，我都愿意永远爱着你、珍惜你、安慰你、尊敬你、保护你，并愿意在我们一生之中对你永远忠心不变。

接着，淑英也在众人面前宣誓。我一边听，一边在心里流泪，因为我深深地体会到，她不但愿意公开承诺会永远和我在一起，而且她已经在做了——

"无论是疾病或健康、贫穷或富贵……"这不就是我的光景吗？"无论忧愁或喜乐、逆境或顺境……"这不就是我们之前走过的路，经历过的事吗？

我们一起面对了许多的考验，包括家人和朋友的反对、办理各种证件手续时的重重困难，甚至是地震、飞机遭遇大风的危险，我们有很多次机会选择放弃对方，可我们不但没有那么做，反而爱得更深更浓，难舍难分。这些事情让我们变得更成熟，也更珍惜彼此。

　　宣誓完，淑英的二妹拿着一个托盘走过来，上面放了一对戒指。这戒指是淑英从马来西亚花60马币买的。这一对戒指上面有4个英文字母（LOVE—爱的意思）。我们彼此交换戒指时，我看着淑英，同样的，她也将戒指戴在我的无名指上。淑英的朋友为我们祝福后，对众人宣布："让我们鼓掌欢迎李康宇夫妇……"接着，他邀请淑英的妈妈上台，二妹陪着妈妈一起上台。他问："颜妈妈，从今天开始，你会像爱你的儿女一样爱你的女婿吗？"妈妈握着我的手说："会，我会的。"似乎在表达她接受了我这个女婿。在场的很多人看到这一幕，默默地流下了眼泪，掌声连连。而此时的我，整个人也感到轻松了许多，因为我担心的事并没有出现……

　　随后，淑英的朋友走到台上致辞："听了颜妈妈的话，我特别的感动。有一句话说得好，大爱无疆。这是一位伟大的母亲，让我们把爱的掌声送给这位伟大的母亲……"

　　村长受主持人邀请上台致证婚词，他说："各位亲朋好友，各位来宾，今天的这个婚礼很特别，来自遥远的马来西亚女孩嫁给中国唐山柳树圈村的一个残疾小伙子。对此，我感到非常荣幸，同时引以为豪。在此，我以本村村长的名义代表中华人民共和国民政部河北省民政厅涉外（国际）婚姻登记处向二位新人——李康宇先生和颜淑英小姐颁发结婚证书。祝他们新婚幸福、百年好合、白头偕老、永结同心……"

我和淑英从村长手中接过结婚证，此时，婚庆公司的经理上台将一个红包交给我。原来，昨天下午5点到7点，他们在唐山德福酒店为我们夫妇进行了义演募捐，所得的3900元善款加上我们自己另补上100元，正好可以支付5桌婚礼酒席的费用。就这样，婚礼仪式在祝福中结束了，他们还送上两束鲜花给我和淑英。几个人抬着我走出了仪式厅，淑英走在我的后面，其他人就留下来享用酒席。

媒体朋友们也随着我们回到房间拍了一些照片。宾馆的餐饮经理为我们送来几道菜肴，她告诉我们，这是宾馆特别为我们准备的，免费赠送给我们夫妇二人享用的。我和淑英又一次被感动。

当我和妻子在房间里用餐到一半的时候，朋友们开始纷纷前来道贺，三姐一家也在其中。我们聊了大约半小时，淑英的家人和"爱心姐姐"也一起来到我们的房间。淑英的哥哥和嫂嫂主动到我面前握手道贺，并给了我礼金。接着淑英的两个妹妹叫了我一声"姐夫"，也把礼金给了我们。最后是丈母娘（淑英的妈妈），她为我和淑英各准备了一个红包。那一刻，我有一种说不出的感动，我深深感受到颜家对我的爱和接纳。"爱心姐姐"也给了我们一个大红包。我们在房间里拍了一些合影，之后大家便陆续离开了……

送走来宾已经是下午3点多了。当天晚上，淑英的家人聚集在我的房间，一起享用晚餐。宾馆的餐饮经理免费送了一盘水果给我们，我们边吃边聊，非常开心。这也是我第一次和淑英的家人一起吃饭。丈母娘看到我自己拿着长长的勺子吃饭，不断地在夸我。她用广东话对淑英说："他太厉害了，实在厉害。"我和淑英的家人在一起，感觉自己就是他们家中的成员，没有感到生疏，也没有被排斥，反而觉得我们和睦共处。大概晚上10点，家人们就回去休息，剩下二妹和她的男友继续和我们一起聊天。没想到我和二妹的男朋友一见如故，似乎相识多年，总有说不完的话。二妹上网，无意间发现了我们今早的婚礼已经被刊登出来了，这让我们感到很意外又很开心。我们一直聊到12点多，他们才离开……

如今，每每回想起我和淑英的婚礼，总感觉真是恩典多多。宾馆的服务质量和优待让我们夫妻深受感动；客房和餐饮部的两位经理也非常有爱心；主持人和东方婚庆演艺公司的所有人员精心地为我们的婚礼免费布置和筹款，亲力亲为，他们真是我们夫妻的"贵人"；更没想到在这短短的几天，我们的爱情故事引起这么多家媒体的关注和关心，他们在我们夫妻的婚礼上增添了不少的气氛；感谢我身边的几位朋友和"爱心姐姐"在婚礼筹备过程中给予我的莫大帮助，减轻了我们夫妻的担忧；更感谢颜家的家人，自费专程出席我们夫妻的婚礼。

上天真的非常眷顾我们夫妻俩，我们一生都不会忘记每一个帮助过我们的人，是你们的支持才有了我们这幸福满满的婚礼，是你们无私的爱让我和淑英感受到了源自心灵的温暖。我们会将你们的厚爱深植于心，做一个知恩、感恩、报恩的人。

做一个值得帮助的人

第二天（8月9日）早上，淑英的家人和我们夫妻俩一起边吃早餐边闲聊天，之后他们就准备出发去北京了，因为第二天下午2点15分他们要从北京机场飞回马来西亚吉隆坡。在他们离开的那一刻，我哭了，我真的很舍不得他们离开，因为他们已经成为了我的家人，我是多么希望有更多时间和他们一起说说话啊。

我叫开出租车的朋友帮忙送家人们到唐山巴士站，我的朋友目送他们上了巴士后，又回到宾馆接我和淑英回家。

我们的车刚停在家门口，就发现有一位女士站在那里。原来，她是北京《知音》杂志的记者。前两天闻讯我们夫妻的故事，特意从北京赶来采访我们。虽然我和淑英都很疲倦，但这位记者远道而来也很辛苦，我们就让她直接进行采访。大约过了2个多小时，结束采访，我和淑英才吃午餐、收拾行李、休息。

婚后几天，我的电话响个不停，很多媒体知道我们夫妻的消息后，纷纷打电话约上门采访和录视频的时间。一时间，河北电视台、丰南电视台、中央电视台新闻频道、中央电视台"道德观察"、湖南卫视"寻情记"、优酷网"芝麻拍客"、中国新闻社、北京《知音》杂志、《华西都市报》、《浙江都市报》等数十家媒体蜂拥而至。直到今日，依然还有媒体继续上门采访我们，其中还包括马来西亚赫赫有名的《风采杂志》和英文报《The Star》的记者，特意从马来西亚过来对我们进行采访。

另外，还有几家电视台特意邀请我们去北京录制节目，其中包括湖北卫视"大王小王"、凤凰卫视"鲁豫有约"、吉林卫视"沸点民生"、北京卫视"我爱中国味"、北京卫视"北京客"（此节目会面向127个国家播出，包括北美洲）。自从这些节目播出后，我的QQ也接连不断地有新人加我为好友，其中包括不少残疾朋友，我们彼此共勉。

8月27日这一天是我和妻子人生中第一次去录影棚录制节目。两位主持人都姓王，所以节目就被称为"大王小王"。更没想到的是，在节目录制将要结束的时候，主持人将一个大信封交给我们，原来，是慈善家李春平先生给我们夫妻俩日后经营淘宝网店的善款，一共 5000 元。主持人还为我们的淘宝网店取了名字，叫"唐山爱上吉隆坡"。后来，他们还找了一个人帮助我们设计淘宝网店，并交了 1000 元的抵押金。在申请注册淘宝网店的过程中有一个环节，需要我双手拿着身份证拍照。为了此事，淑英着实为我捏了一把汗，因为我无论如何、用尽全力都无法把身份证举在胸前。那位帮我们设计网店的朋友为我们想办法，用我妻子的名字申请注册淘宝网店。但因为淑英是外国人，没有中国身份证，也是不行的。后来，我们想了很多方法，做了很多次尝试，经过多次提交，终于申请成功了。不然，我真的无法开成淘宝网店呢！

我们的节目在 9 月 19 日中秋节当晚 10 点钟播出。没想到节目一结束，淘宝网店就陆续有人来访。其中有送上祝福的——祝我们夫妻永远恩爱、祝我身体早点康复。也有些好心人真心想帮助我们夫妻，在我们的网店里购买物品的……

如今，我们夫妻俩还继续努力地学习经营"唐山爱上吉隆坡"，因为这是我们爱情的象征和见证之一。我们知道，这一路走来有很多关注我们的爱心人士，因为有他们的帮助和关顾，我们的淘宝网店才得以延续到现在。面对大家的帮助，我们夫妻俩深知，我们一定要做值得帮助的人，把爱心传递下去。

9 月 18 日至 26 日期间，淑英拿着两份公证书，一个人回到马来西亚婚姻局内政部登记，证实她已经和我在中国结婚了。

但是工作人员告诉她："你必须和你丈夫一起来办，并带上有关证件和双方的护照。"淑英告诉他们有关我的情况，他们说："那么，你和你丈夫可以到在北京的马来西亚驻华大使馆办理手续。"淑英打电话告知我情况。我想了一想，立即从网上搜索马来西亚驻华大使馆的电话号码。我连续打了好几次电话，但始终没人接听。过了一天，我再试打，情况还是和昨天一样。我开始思索还有没有其他方法？

这时我突然想起我们和《凤凰卫视》"鲁豫有约"定好了9月28日邀请我们夫妻去北京录制节目。我赶紧给他们发了短信："对不起，我们需要延期录制节目的时间，因为我妻子还有些事情需要先处理。"编导看到我的短信后，给我打电话询问详情和原因。我就将淑英在马来西亚办理结婚登记遇到的问题告诉了她。编导听完后说她愿意帮助我们完成这件事情，以便于我们能够如期完成节目录制。

挂断电话一个小时多，编导又给我打电话过来，他们已经帮我联系到大使馆了。核对完资料后，编导帮我们约在9月17日早上10点抵达大使馆，他们会提前安排车子到我家来接我。

9月26日淑英从马来西亚吉隆坡飞到北京机场，抵达北京指定的宾馆时已经是凌晨2点多了。因为牵挂她，我没有入眠，这也是我们婚后她第一次不在我身边，我真的很不习惯！将近凌晨3点半，凤凰卫视安排的面包车来我家接我，三姐也陪我一起去，因为司机害怕万一我在车上发生什么紧急状况，他担不起责任，所以必须要有我的家人陪同。在路上，我一直都没有睡觉，我期盼着快点天亮，那么我就可以见到淑英了。这一次仿佛是淑英回了娘家，我去把她接回家一样。不到早上7点，我们就抵达马来西亚驻华大使馆了，我就在那里等着淑英和编导。

不到10点，淑英出现在我面前，我非常高兴。我们拍了一些视频之后，淑英向大使馆门前的管理员说明到访原因。管理员给内部打了电话，之后对淑英说："你们可以进去了。"

淑英和司机抬着我进大使馆，三姐也跟着一同进去，但编导和摄影师只可以在大使馆门前等候。他们直接把我放在一个房间的沙发上。不久，我看到一位大使馆的官员进来。淑英用马来语和他交谈，他递了2份表格给淑英填写。我看不懂这些表格，因为都是马来语，我只知道淑英填写了很多页数，似乎比我们之前办理的证件要填写的资料还多呢！填完表格，这位官员请淑英拿出相关资料给他检查，包括公证书、我俩的护照、淑英的身份证和报生纸（相当于中国的出生证明）。淑英还给了他两张我们结婚照，最后就是我俩要在他面前签名。

事情办妥，司机把我和淑英送回宾馆，把三姐送回唐山。第二天，我们完成了节目录制，回到了家。

大概过了2周，"鲁豫有约"播出了我的节目。淑英的家人在马来西亚也看到我们上电视了。自从淑英的家人回到马来西亚，会陆续在报章里（马来西亚的星洲日报、南洋商报、中国报……）看到我们结婚的喜讯和婚后的生活，由此，他们放心了许多。甚至以前反对我们婚事的亲朋好友也不再反对了，有些人还夸妈妈很伟大。开始的时候，几乎每周一次，妈妈都会打电话来问候我们，之后慢慢地两周一次、一个月两次，有几次妈妈在电话里让淑英把听筒给我，她主动地问候我，和我聊天，我真的很高兴。我们也曾经用电脑视频、微信语音……我和淑英的家人渐渐地熟悉了，犹如我也是妈妈的亲儿子、哥哥妹妹们的亲兄弟一样。

淑英从马来西亚回来的时候，带了很多食物："老公，这是妈妈特意给你买的美国产葡萄干、补身的鸡精……这是妹妹给你买的鱿鱼丝和巧克力，还有我的表妹亲手给你做的蛋糕，还买了咖啡、香饼……他们交代我这是给你的。你看，他们太偏心了，这些都是给你买的……"我笑着回答："老婆，给我的东西，也是你的，因为我们二人已经成为一体了。"的确，淑英的家人弥补了我以前的缺憾，如今他们让我感受到了家的温暖与和谐。

妈妈告诉淑英："假如你们有了房子，我和亲戚一定去看你们。他们都想看看康宇，也顺便到中国玩玩。"我们知道现在的情况不方便要求家人过来，因为没有住宿的地方，而且出入麻烦，会增加很多消费。

虽然现在我没有能力买房子，但我相信将来必有那么一天，我会有一间属于自己的房子。那时，我们的家一定很热闹，因为淑英的家人和亲戚，还有她的朋友们都会特意从马来西亚来看望我们。期待这一天早点到来……

婚后不久，在我们村还是有些人在背后说闲话："这段婚姻不会长久，那个女的迟早会拿着钱财跑掉；这男的没钱又不能养活自己和妻子，那女的一定是有目的和企图的……"他们似乎在等待着一出好戏上演，看我是怎样被淑英玩弄感情、被抛弃的……但我们夫妻相信日久见人心，时间可以为我们纯正的爱情作见证。

自从淑英来到中国与我在一起，她的生活有了很大的改变。我对她说："老婆，没想到你一过门，就成为家庭主妇了。"以前她在家里几乎不下厨，因为她有一位很会煮饭菜的妈妈。对此，我感到很意外，她虽然不是很会煮饭，但一些基本的烹饪，如煮米饭、炒菜、煎蛋、煎鱼、熬汤，她都会。她曾煮过几道马来西亚风味的菜肴给我吃，如肉骨茶汤、ＡＢＣ汤、咖喱鸡、咖喱鱼、炸鸡、炒米粉、炒面、意大利面、果冻、面包三明治等，让我大开口福。其中肉骨茶汤是我最不喜欢的，因为它有浓厚的药材味道。我几乎就是吃药长大的，所以我一闻到这味道，就感到恶心。淑英笑着对我说："老公，我煮的肉骨茶你不喜欢吃可能是因为我的厨艺还不到位，以后你回马来西亚我一定带你去尝尝正宗的肉骨茶，你一定会喜欢的。"

淑英煮菜放盐少，放油少，不放味精，不放鸡精，口味很淡。我是北方人，口味偏重，喜欢吃味道浓一些的菜肴，于是，我就教淑英煮北方菜。如咸菜熬鱼、粉条熬大白菜、虾皮炒鸡蛋、韭黄炒虾米、蒸螃蟹……渐渐地，淑英也爱上了这些菜肴，她告诉我，以后马来西亚的家人和朋友来中国，她一定要煮给他们尝尝。我想，他们也会喜欢这些食物的。

爸爸在世的时候经常烹饪各种菜肴给我吃，他还是一位二级厨师呢！每当村子里有红白喜事，爸爸都会去厨房帮忙，因此他的厨艺总会有进步。每次爸爸给我煮饭菜的时候，就会告诉我如何煮这道菜，我都一一记了下来。如今，我就按照爸爸告诉我的教给淑英，慢慢地，她的厨艺也有了很大的长进。

北方的冬天非常寒冷，常会看到下雪的情景。到了冬天，我们这里家家户户都会烧煤取暖。淑英也学会了烧煤。开始时她还掌握不好火炉，容易让一股呛人的烟味从火炉里跑出来，慢慢地，她便掌握了生火炉的技巧。假如她成功了，脸上就会流露出得意扬扬的笑容；假如她失败了，就会坐在沙发上思索到底哪一个步骤做错了。我看着她，会情不自禁地笑起来，觉得她很可爱，像个小女孩似的。我也看到在冬天，她的手因洗东西而冻得开裂。我真的非常心疼，但她总是安慰我："没事的，老公，过完了冬天，我的手又会恢复到以前的样子了……"

结婚后，我们夫妻单独生活，所以我们购买了一些家庭用品，如电饭煲、不粘锅、菜刀、碗碟、筷子、汤匙、油、盐、酱、醋……这些都是一般家庭不可缺少的厨房用品。每个月的阴历初三、初八、十三、十八、二十三、二十八，我家门外的大街上就会有集市。每逢集市，淑英就会到集市上去买菜、买肉、买鱼……集市上各种各样的东西都有，赶集回来，淑英会和我分享一些她从未见过的事物。

我们夫妻彼此关爱，无所不谈，感情也越来越好。有一次，我看到淑英有些累了，就让她趴在我身边，用痒痒挠给她挠背。没想到，她竟然爱上了这个习惯，时不时就会叫我用加长的痒痒挠挠给她"按摩"。

还有一次，我看到淑英刚洗完头，自己坐在那里吹头发，就跟她说让我来做这件事情。她就照做了，并对我说："老公，你很浪漫，也很细心，我感觉到自己很幸福。每天可以和你一起吃饭、看电视节目、看书、斗地主……有你在身边，我就会感到很幸福。你知道吗，不是每个夫妻都能像我们一样一直都在一起的。所以我真的谢谢你！"我被感动地流下了眼泪。

以前我曾担心，当我们在一起生活久了，她会觉得枯燥乏味，因为一直和我在家，只是偶尔去街上买东西，我又没办法陪她去逛街、看电影……但她从来没有埋怨过这些，反而很知足、很开心，并常常告诉我，她感到很幸福，可以有更多时间看书、学习，做自己喜欢的事。淑英的话给了我很大的安慰。

"老婆，谢谢你！"

改变命运的机会

自从媒体报道了我们夫妻的故事之后，陆续有来自各地的爱心人士关心和帮助我们。其中有一对从湖北来的夫妇，送了一台饮水机和一些生活用品给我们；来自北京的一位大姐，送给我们一张理疗床垫，让我在冬天的时候可以睡在特别保暖的床上。这一年来，这位大姐已经多次自己开车来我家探望我们夫妻，每次都会带很多食物和生活用品送给我们。我们如亲姐弟一般，甚至还曾接我们夫妇到她家住几天，四处走走、玩玩。

还有一对老家是江苏的在唐山做生意的夫妇，给淑英买了一套保暖睡衣和保暖裤，并送我一些好吃的食品……这些好心人给予我的恩典太多了，有写信的、有打电话慰问的、有亲自送来食物和用品的、有寄来药物、保健品和书本的、有捐助两三百元奉献爱心的……对于这些人，我们夫妻心存感恩，他们的出现，为我们夫妻俩的生活增添了许多色彩。

结婚后一个多月，我接到上海一家公司的电话，说她是上海"超越极限集团"公司的一名员工，她的老板从媒体上得知我们夫妻的故事，想要邀请我们去上海参加一个培训课程，如果我去了，可能日后可以往这方面发展自己的事业。

当时正巧淑英回马来西亚办手续，所以我就拖延了时间，让他们再举办类似的课程的时候通知我。后来，快要到七夕节的时候，这家公司的员工又给我打了电话，问我七夕节快要到了，我有什么愿望，有没有想过去马来西亚见见淑英的家人，她的老板可以为我们支付往返的飞机票。当时我并没有去马来西亚的想法，于是，向她表示了谢意之后，我们便挂断了电话。

到了 10 月中旬，这位员工再次打电话邀请我们夫妻参加在上海举办的 4 天"公众演说引爆影响力"培训课程，我答应去参加。开始时，他们打算让我们坐飞机去上海，但后来询问了航空公司才知道对于我而言，要想乘坐飞机需要办理一些手续——起飞前 72 小时，我需要到三甲医院做身体检查，并将报告提前送到航空公司，假如他们看了体检报告没问题，我才可以上飞机。另外，也要看飞机当天有没有座位，因为我只能躺着，所以飞机需要拆掉一排的三张椅子，让我可以躺在那里。整个过程非常繁琐、麻烦，而且我身边没有这样的人可以带我去做体检，也没有人可以帮助我把报告送给航空公司。当这个方法行不通之后，他们又联系到唐山的一家代驾公司。一番沟通之后，决定让他们来我家载我们夫妻直接到上海。

11月11日，唐山代驾公司的老板亲自开着他的大面包车来接我们夫妻。他把车的后座都拆了，我整个人躺在上面，淑英坐在我的旁边。当她累的时候，就躺在我的旁边睡觉。司机老板还带了她的夫人和一位员工，在路上可以交换开车。除此，上海"超越极限"还特意从上海派来一位摄像师记录这历史的一刻。

我们下午2点从家里出发，这是我第一次走这么远的路程，将近2300公里。我很兴奋，在车上，我目不转睛地望着外面的风景，看到大卡车、天空、高速公路高高挂着的广告牌，偶尔还有几只燕子在天空飞翔……当车子开到上海徐浦大桥时，司机的夫人兴奋地喊了一句："大上海，我来啦！"

我们这辆车里的5个人第一次到富有东方巴黎美称的大上海。淑英拿了一面镜子放在我面前，让我得以看见桥下的江水。真的很美，希望有朝一日我可以坐船环绕这座美丽的大城市。

11月12日早上9点多，我们抵达上海一家五星级酒店。哇！我们一共花了将近20多个小时才完成了这次旅程。对我来说，这是个奇迹，在路上我没有感到任何的不适，我躺在车上犹如躺在家里的炕一样，只是偶尔会有些摆动。

我们的车停在酒店的门口，之前给我打电话的那个员工——胡萍和她的一位女同事已在那里等候多时。她们手里各拿着一大束鲜花，一个给我，一个给淑英。那时风很大，又是冬天，怕我着凉，司机老板和他的员工，赶紧将我从车上抬到酒店的房间里。

我躺在酒店的床上，看到前面电视机上面摆放着一张26寸的相框——是我和淑英8月8日结婚时的照片。"超越极限"的朋友从网上下载了、打印了这张照片，将其送给我们夫妻作为结婚礼物。他们还在床上用玫瑰花瓣做了两个心形的图案，表示我们夫妻心心相印，并且为我们准备了一篮的水果和一瓶法国红酒……胡萍对我们说："李先生，李太太，这是老板叫我们预备的，他希望你们来到上海的这几天能够像度蜜月一样甜蜜！"我简直是欣喜若狂，仿佛在梦中。从来没有人如此重视我，把我像贵宾一样对待。

我无论如何都没有想到，这一次上海之行，居然彻底改变了我的人生命运，让我在今后的人生中找回了尊严、找回了自信、找回了自己……

永远别说"不可能"

11月13日早上8点多，我和淑英吃完早餐，有人按门铃。是胡萍和她的同事来接我们夫妻去听课程。他们推着一辆护理床，让我躺在上面。接着他们就推着我来到了酒店一楼的会议室。

会议室里坐满了几百人，有一位男士朝我们走过来打招呼；他是这家企业的执行长——陈霆远老师，也是他安排员工给我们打电话、找的代驾公司和酒店……

我和淑英在会议室里听台上的老师讲课，得知两位老师在培训界都是响当当的大讲师十分高兴，他们分别是梁凯恩老师和许伯恺老师。尤其是梁凯恩老师，他是"超越极限集团公司"

的董事长，他还出版了《下一个奇迹就是你》书籍，里面讲述了有关他的人生经历，并拍成了电影和电视剧。他的书还被翻译成多种语言，包括英文、日文、韩文、马来文……真是很不可思议！

到了第 2 天，我和淑英像昨日一样在现场听课。许伯恺老师的演讲令在场的每个人热血沸腾，就在这时候，他讲了一个故事，让在场的所有人感动不已，甚至有很多人流下眼泪。许伯恺老师说："有一个人，他从小就得了病，7 岁时他瘫痪了，完全不能走路了。30 多年，他一直待在家里……这个人今天被我们邀请来到上海，他就是李康宇。"说完，许伯恺老师已经站在我的身边了，他当场访问了我几句话，让我向到现场学习的各位企业家分享我的故事。之后，他又访问淑英，让她也说了几句。访问完之后，许伯恺老师对大家说："李康宇的故事令我们非常感动，所以我和梁凯恩董事长决定要帮助他成为一个激励演讲家，让他说出自己的故事，给更多人带来鼓励和影响。我们要帮助李康宇成立一个基金会，让他可以通过这个基金去帮助更多的残疾人……"

那一刻，我感动得哭了，我的心情真的很难用任何语言来形容。

到了第 3 天，员工告诉我，陈霆远老师决定让我成为"超越极限集团公司""101 目标网"励志代言人（现在，我终于找到了自己存在的价值和意义，我不再害怕接触人群，因为我知道我的经历是可以给人带来正能量，去鼓励更多人坚强地面对各种挑战和困难）……

第4天，也是本次课程的最后一天。我有幸可以到讲台上与所有在座的企业家们分享我的人生故事，把更多的爱和感动传递给大家。

在这4天里，梁凯恩老师每次讲完课离开之前，都会来到我身边和我打个招呼、握手，问候我几句。许伯恺老师在讲课的时候，会走过来给我一个拥抱和飞吻。他们都是顶尖的老师，却愿意这么近距离的接近我，让我受宠若惊，并深深地感受到老师对我的重视和关爱。我非常感恩在我生命中可以认识这些具有大爱的"贵人"和恩人，日后我和爱人一定会报答他们的恩情。

11月18日早上，司机老板来到酒店接我们回唐山。之前，这家企业为了方便我听课，特意买了一辆轮椅式护理床送给我。

司机老板将我抬上车，开始返回唐山。因为这次我睡在护理床上，所以位置比较高，由此我便可以清晰地看见车窗外的风景。"哇！路过的城市真的很美，高楼、大厦，江水、大桥……"我都尽收眼底。

后来我才知道，我的这趟旅程，让这家企业花费了将近1万多元，包括租车的费用、过路费以及我和司机们的住宿费……这一切若不是因为爱，真的难以做到。

过了几天，胡萍又与我联系，他们邀请我们到苏州参加企业家的一次会议。这次他们帮我和淑英买了软卧下铺的往返火车票，并联系了一辆出租车来我家接我们到唐山火车站。那天晚上，天气非常寒冷，我躺在候车室里等待火车进站。我们只有 3 分钟的时间上火车，火车进站后，出租车司机和火车站的服务人员赶紧把我抬上了火车。这是我人生中第一次坐火车，我内心充满了好奇、兴奋和紧张。没想到我在火车里躺了将近 16 个小时，但我一点也没感觉到不舒服，这对我来说，也是一种考验。我之前还担心自己会头晕或呕吐，但这些都没有发生。在火车上，我不敢随便吃东西，也不敢吃太多，因为对于我而言，在火车上上厕所是很不方便的。每一次出门，淑英都会带上三四个行李包，其中包括我们的衣物、食物、水和我的个人用品。看着她一个人提着大包小包四处奔波，我既心疼又感恩，因为她总是不离不弃地陪伴着我，始终守候在我的身旁。

快要到苏州的时候，我赶紧与胡萍联系。他们派了两位年轻人到车站来接应我们，一直把我们送到酒店的房间里。这次我来苏州，他们又为我买了一辆和上一次一模一样的护理床，让我方便出行。我深深感受到这家企业办事细心、周到。

11 月 26 日，也是会议的最后一天，晚上我们去参加"2013年华夏传承爱心晚会"。这场慈善晚会在苏州市体育中心举办，现场有 6 千多人参加。那一晚真让我大开眼界，我目睹了一次又一次精彩的表演和佳作拍卖。除此，我还见到了很多社会知名人士。这真让我大饱眼福。梁凯恩老师还介绍了一位天生四肢瘫痪的歌手——君子给我认识，我们彼此共勉。君子送了一本他的书给我——《我和我追逐的梦》。后来，在我们夫妻俩读这本书的时候，我们都会情不自禁流泪。君子也和我一样经历了很多的痛苦，不同的是他有幸福的家庭和深爱他的家人和姐妹，而我却没有。

回到唐山的几个星期，我又接到了"超越极限集团"的电话，他们邀请我们在圣诞节过后到河南郑州听梁凯恩老师和许伯恺老师的课程。这次，我让开出租车的朋友送我们到唐山火车站。出发前，我已经事先和唐山火车站的服务组负责人通过电话，请他们帮忙让我走"绿色通道"。后来几次，每当我出差坐火车，无论是去或回，火车站的服务组都会安排人来接应、帮忙，这真的给我带来了很多方便和照顾。希望他们对残疾人的服务态度可以得到表扬，这样也会使更多的残疾人敢于走出去，勇敢地面对社会。

这一次出行回来，我决定上网购买一辆适合自己的轮椅，以方便日后出门。我开始在网上搜寻，一个朋友在 QQ 里询问我最近的情况，在她得知我正准备买一辆轮椅的时候，一口答应这个轮椅她可以送给我，款式由我自己选择。我真的很感谢这对江苏南京的爱心夫妇，因为这辆轮椅真的给我日后的出行带来了很多方便。后来，我请我的干弟弟帮忙对轮椅进行了改装。虽然我目前都在使用它，但有些时候别人还是很容易碰伤我的手和腿。真希望有朝一日我可以拥有一辆是按照我的身体状况量身定制的轮椅，那样可以让我减少很多痛苦。

之后，每次"超越极限集团"在上海有举办培训课程，都会邀请我们夫妻俩免费去听课。在这些课程里，我内心的格局被放大，使我懂得：永远别说"不可能"，凡事都有"可能"！

就我自己的人生经历而言：2002 年，我大吐血的时候，我以为我的生命就这样结束了，但是我坚强地活了下来，一直到今天。后来，我以为我将一辈子孤独终老，没想到我竟然可以娶上媳妇，而且还是一个外国籍的女孩。我自己都不敢相信这些已成为事实。然而，自从我接触到这家企业之后，对自己就更有了信心了，我知道只要我不放弃生命，就一定可以创造出更多的生命的奇迹。正如梁凯恩老师常说的："你人生的精彩已经结束？还是正准备开始呢？"我决定让我接下来的人生幸福得"不像话"，我要努力让我的故事和事迹流传到世界的每一个角落，让更多的人知道我，记住我，也用我的故事来激励自己穿越人生中的各种障碍，实现自己心中渴望已久的目标！

去创造属于你的奇迹

梁凯恩老师常常告诉我们，假如你想要影响更多的人，有个非常好的办法就是出书。他说听一场演唱会可以感动很多人，听一场演讲可以改变人的命运。因此，我不仅要到全国各地，乃至全世界进行演讲，分享我的故事，还要把我的故事写成书出版，让人们看了我的书之后，可以更加珍惜生命、热爱生活、相信真爱、坚定信心、百折不挠……

当我有了这种信念之后，陈霆远老师便帮我找到了作家和出版社，他们一直在努力推动这本书的出版，以至今天你可以读到这本书。

我很高兴可以在"超越极限集团"这个平台上认识一群来

自马来西亚的企业家，尤其是张秀芳女士和毓爵姐，她们给予了我很多的支持和鼓励。

另外，在 2013 年 12 月 18 日之前为我们夫妻免费举办婚礼的东方婚庆演艺公司再次为我们夫妻举行了爱心义演，目的是帮助我们解决一些日后的生活问题。为了这次义演，他们连续筹备了好几个星期。我们夫妻真不知道要如何答谢他们才好。这次的爱心义演举办得很成功，吸引了很多过路的人围观。上下午 2 场的义演结束后，主持人在现场统计善款，一共筹集到 9172.2 元。我们夫妇深深地感谢各位爱心人士、东方婚庆演艺公司的团队和主持人。是你们让我们再次体会到来自社会的爱——只要每个人愿意付出自己的微薄之力，就可以凝聚成一股强大的力量！

2014 年，是我们夫妻结婚后过的第一年，也是淑英第一次在中国过春节。1 月 22 日早上，柳树圈镇政府领导来我家慰问我们夫妻，并且送来了慰问金、米和油。1 月 24 日早上，中新网的记者和十余名唐山市红十字会的志愿者，由会长带队特意来慰问我们夫妻，并帮忙布置房间，让我们的家有了新年的喜庆。还有一位名叫卢青梅的志愿者，送给了我和淑英每人一套大红色的唐装。淑英帮我穿上后，我们一起合影留念。另一位红十字会的工作人员教淑英绣十字绣，让她在平日空闲的时候可以做这件事情。他们还送来了 2 千元慰问金、米、面粉和油。唐山市人民医院急诊科卢军利主任也前来看望我，并给我做了体检。卢主任的付出令我深受感动，因为自从1985出院以后，我就再也没有做过身体检查了，短短的3个小时，他们让我们夫妻深受感动，毕生难忘。

如今我回想这一年的点点滴滴，我的生活发生了巨大的改变。

一个被关在房子里30多年、不曾出门的我，如今却可以走到祖国各大城市：北京、上海、苏州、郑州、深圳……甚至接下来可能还会去马来西亚、中国香港、中国台湾、韩国、日本、法国……这简直就是一个奇迹！

一个被病痛折磨了30多年，只能躺着的我，如今却因为爱有了家庭，不但得到了尊严、自信，还肩负起了养家的责任。过去，我是靠政府的低保金生活，但现在我可以靠自己一双手操控电脑，开淘宝店维持生活，并且，接下来我还会通过公众演说来养活我的妻子……这简直就是一个奇迹！

一个经济贫乏、30多年只求温饱的我，如今却因为被外界发现、被爱心关注，可以尝到各国各地的美食：中国台湾凤梨酥、法国红酒、马来西亚榴莲、美国葡萄干……并且还可以入住各式各样的酒店，这简直就是一个奇迹！

一个被学校拒绝门外、30多年无法上学的我，如今不但可以与人流畅地沟通，还可以读懂报纸、杂志、书……而且还可以用各种方式表达自己的人生经历。更没想到我还可以一字一句地写下我坎坷的人生、痛苦的经历、从绝望走向光明的故事，并出版图书……这真的就是一个奇迹！

这么多年走来，有一些话始终埋藏在我的心里，请允许我在这里讲出来，我好想对父亲说："爸爸，你现在已经不在了，但是在你儿子心目中，你依然和我们在一起，你曾经对家庭、对朋友们做出的贡献，我都会记得。如今你有了儿媳妇，她每天精心地呵护着我，我也有机会将你和妈妈曾经发生的故事和我人生的故事写出来。敬爱的爸爸，无论怎样，在你儿子的心里，你已经尽了父亲最无私的责任。"

我还想对我的母亲说："妈妈，虽然现在你已经不在了，但你的儿子深深地感恩，永远都感谢你对我无私的照顾和抚养。你把伟大的母爱都给予了我，我将永远感恩这一切。如果没有你不离不弃的爱，我就等不到这位来自马来西亚的女孩，等不到这位天使的降临。如今，我将家里的事情一一地写出来，把我的人生经历写出来，把你和爸爸的故事写出来，我的目的就是希望有更多的家庭知道夫妻之间要如何相处、如何教育儿女，使更多人可以生活在幸福中而不是痛苦里。虽然我是个残疾人，虽然我不能走路，但是如今，你们的儿子已经是一个有出息的人了。你们的儿子不会给你们丢脸，一定会给你们争气。我知道，当你们离开这世界的时候，最不舍得的人是我，最牵挂的人是我，但现在你们可以完全放心了。

爸爸妈妈，你们知道吗？我能够把这些故事写出来需要多么大的勇气、多么大的力量。若不是你们儿媳和众多人的大力支持，这一切对我来说，真的很难完成。每当写到一段有关我们家庭的故事的时候，我都会流下泪水，这些故事是与我的泪水相伴结合而完成的。"

最后，我真心期盼这本书不但可以鼓励他人懂得生活，更期盼这本书可以帮助更多人懂得珍惜身边每一位爱我们的人，将生活过得更加幸福。但愿我的人生经历、我的家庭故事以及我童话般的爱情可以让你们对生命、对家庭、对婚姻有更多的启发和帮助。谢谢！

不久的将来，我还会出版我的第二本书，向他人分享我的故事，我希望在那个时候，可以创造属于自己的奇迹！

颜淑英心中的李康宇

至今，我已与康宇认识 3 年，起初我对他的故事略知一二，后来，当我们结婚、一起生活，便对他过去所承受的痛苦有了更深的了解。

30 多年，3000 多个日日夜夜，康宇经受了太多磨砺，若不是始终以顽强、乐观和积极的人生态度面对这一切，我想他的身体、精神、心灵早已被击垮。这种人生磨难，很难用语言表达，只能说即使是一个健全人，也未必可以承受得住，更何况康宇还是一个身体有严重缺陷的人呢！

我是流着泪陪伴着康宇写完这本书的，书中的故事深深地触动着我：

你曾经历过被针不断刺在身体的各个关节那种感觉吗？

你曾经历过别人口吐恶言攻击却无力反抗那种感觉吗？

你曾经历过肚子饿了没得吃、口渴了没得喝那种感觉吗？

你曾经历过肚子痛得无法忍受却只能靠止痛药止痛那种感觉吗？

……

我无法体会以上的这些痛苦，但我可以想象这些痛苦能让一个人变得消瘦、消极、沮丧、埋怨、痛恨生命……甚至想要去死！然而康宇却不一样，虽然多次经历这些让人无法体会的剧痛，但他从未想过放弃生命。对他而言，生命是多么的美好，活着是多么绚丽，他是多么的珍惜眼前所拥有的一切啊！

"只要有一口水不渴死，只要有一口饭不饿死，就要坚持活下去！"这是康宇曾经的人生格言。就是这样一个热爱生命、坚强勇敢的他，深深地感动了我、吸引着我，以致我愿意离开我的亲人、我舒适的环境、我美好的前程，一个人漂洋过海来到中国与他相伴一生。即使周围的人怀疑我、排斥我、嘲笑我、逼迫我，我始终还是坚持要和他在一起，同甘共苦面对人生。

康宇今天收获的一切，不是靠运气，也不是靠施舍，而是靠他的智慧和努力得到的。虽然他爸爸给他买了一台电视机，但他若不强迫自己去学习，就不可能会识字，更不会说流利的普通话；虽然爱心人士送给他一台电脑，若他没有极度渴望学习的心，就不会自学上网，更不可能接触到外界；虽然他有了恋人，若他经不起暴风巨浪般的考验，选择听从大部分人的劝解，放弃自己心爱的人，他就不会得到如今的幸福；虽然有"贵人"帮助，若他不是一个感恩的人，他不但会失去"贵人"，而且还会失去之前所拥有的……

每个人都会有离开这个世界的那一天，以怎样的态度离开是生命最大的挑战。"与其等待死亡，不如创造奇迹"，李康宇是这句话最好的诠释。

亲爱的朋友，我相信，如果你能够走近康宇，了解康宇，你就会越发地爱他、欣赏他、敬佩他……甚至愿意尽全力地去支持他、保护他，被他的人生态度所影响。假如有机会，我希望你们关注他，让我们就此结缘，相互鼓励，成为一生的好朋友！

结　语

我的"中国梦"

人在生命中不断地追逐梦想，因为它是我们活着的标杆，活着的动力。一个人若失去了梦想，他就会迷失自己，失去方向，不知道自己存在的意义和价值。虽然我瘫痪在床已经 30 多年，在别人眼中是一个没有未来的人，但我却坚持活着，这是因为在我内心的最深处有无数个未完成的心愿在支撑着我，让我有力量面对生活，有勇气面对现实，并且对未来充满希望。

在我年幼时，看见小朋友背着书包去上学，我非常的渴望，希望有朝一日我也可以和他们一样背着书包去学校。后来为了达成自己的心愿，我拿来姐姐的旧书包，里面放了几本姐姐的旧书、一个铅笔盒、一支笔和一块橡皮擦，背着书包在自己家的街上一瘸一拐地走来走去，模仿小朋友上学的情景……虽然路边的小朋友看到了会嘲笑我，但是我自己却陶醉在其中。

在我孩童时，看见邻居的孩子拿着课本念念有词，我非常的羡慕，希望自己也可以识字，看懂书刊、杂志和报纸……为了完成自己的梦想，我付出了很多努力，跟电视节目学认字，跟新闻播音员学讲普通话……虽然身边的人不明白我所做的，但我知道这一切都是在为未来铺路。

在我年少时，看见姐姐们没考上大学而下地耕田，我在心里告诉自己，将来有一天我一定做个有文化的人。我希望自己可以踏进大学的校门，完成父母对子女的期望。当我看见邻居家的孩子纷纷长大成人，有了自己的事业，有了自己的家庭，我非常的仰慕，我在心底里告诉自己，将来有一天我一定要出人头地，做一个有用之才，并组建幸福美满的家庭。我还要有自己的房子、车子、收藏自己喜欢的玩具……这些梦想我从来不敢告诉别人，因为它们离我太遥远了。但我为了梦想，要坚持活下去，因为活着就有希望。

我感谢上天眷顾我，真的派了、"天使"来到我身边，逆转了我整个生命，让我脱胎换骨，可以去完成我未完成的心愿。淑英的出现，让我终于可以成家，不再孤独而活。"超越极限集团""贵人"的出现，让我重新立业。如今，我不但找到了自信、勇气和胆量，还找到了活着的意义和价值。

　　我常想，过去我的梦想都是为自己而设立的，但如今我所设立的梦想是要为社会带来贡献。这就是我的"中国梦"，也是我活着的使命。虽然我瘫痪在床完全不能动，但我还有一张会动的嘴。我要带着这张嘴走遍祖国大江南北，用我自己的生命故事激励残疾人的生命，让他们为国家、为民族、为中国梦贡献力量。我还要走进大学和中小学，实现我小时候踏进校门的愿望，并在那里演讲，激励学生们珍惜生命，热爱生活。另外，我还要成为励志爱国演讲家，到世界各地去演讲。

　　2018 年，我希望能够在北京鸟巢体育馆举办励志演讲会。北京鸟巢体育馆是我们中国人圆百年梦想的地方，身为中国人可以在这里演讲是那么的光荣，可以感受到中华民族的伟大。

　　2015 年，在爱心企业的帮助下我将成立了"康宇奇迹基金会"。我会坚持做慈善，让更多的人感受到爱和温暖。2024 年，我希望成立"康宇奇迹俱乐部"。 此俱乐部的设备和所有的活动都是适合残疾人参加的，目的是让残疾人有一个正能量的交流平台。在这里他们会被肯定、被接纳、被尊重。我会邀请世界顶尖演讲家来这里演讲，并举办心灵辅导或心灵医治有关的演座，让到这里来的残疾人可以重新认识自己，找到生活的价值，发掘自己的才华。

　　这就是我的"中国梦"！我知道我一个人的力量是有限的，

而社会和世界中需要帮助的人实在太多、太多了，所以我希望更多人加入慈善事业当中，一起去实现这个伟大的蓝图。

最后，让我用下面这番话勉励自己，同时也鼓励你勇敢地去追逐你的梦想。

"这世上没有任何人能代替我们的成功，但是一定会有人阻止我们成功。每当我们想要飞翔，总会有那么一群人，以爱的名义，剪掉我们的翅膀，他们会用很多爱我们的方式打击我们，嘲笑我们，这些人甚至是我们身边的人，是我们最亲近的人。他们说我们被骗了，说我们被洗脑了，说我们疯了，说我们不可能做到……对此，我想说的是，成功的路上并不拥挤，因为坚持梦想的人并不多，不要让任何人偷走我们的梦想，要相信，未来的我们，一定会感谢那个曾经在今天努力拼搏的自己！"

后　记

一位大叔写给李康宇的信

　　我和康宇是邻居，和他父亲是一个年代的人，可以说是看着他长大的。我是一名教师，接触过很多青少年，但是，像康宇这样从儿童时期就有这样的遭遇和处境，并且取得如此成绩的人，我还是第一次遇到。

　　康宇出生在一个世代为农的家庭，他的父亲勤劳、善良、坚毅，虽然只读过几年小学，没有多高的文化水平，但却知道如何为人处世、教育子女；康宇的母亲是一个典型的农家妇女，没有文化，一生都在为家里的事情操劳。生长在这样的家庭里，让康宇从小就养成了不怕吃苦，不怕困难，勇往直前的性格。

我非常了解康宇的经历，所以他的坚韧给我留下了无法忘却的印象。

首先，他这种不怕吃苦的拼搏精神是很值得我们学习的。他的四肢完全僵硬，除了手腕和肘关节能略微活动之外，其他关节完全不能动，连头都不能扭，吃饭时只能用一个一尺多长"勺子"把饭送到嘴里（他坚持自己吃饭，不希望别人喂，说这样既锻炼自己，又不麻烦家人）。除了生活上的困难，康宇还要忍受疾病带来的疼痛。就是在这种情况下，他完成了很多正常人都很难完成的事情。我们想象一下，这得需要克服多大的困难？

其次，他对生活的态度尤其值得我们学习和反思。一般人面对康宇这样的家庭环境和自身的条件，很难鼓起对生活的信心，可是他做到了。他看到了生活的美好和未来，并为之做出了艰苦卓绝的努力。这对于一个瘫痪在床的人来说，学习认字写字、上网聊天、经营网店、外出演讲并为全国各地朋友做心理辅导……这需要多么大的毅力和耐心。所以，在康宇面前，我们还有什么克服不了的困难吗？康宇的确为我们树立了一个光辉的榜样。

再有，他的努力，他的坚持，使他得到丰厚的回报。全国很多网友成为他的挚友和粉丝，他们无话不谈；各电视台纷纷请他去做节目，好多企业和公司也请他去做演讲，以激励其他人。相信他的经历会感染世人，使人们对未来更加充满信心，尤其是让身处逆境的人看到光明和希望，增加克服困难的勇气和决心。

我想，如果康宇的父母在世，看到他今天的成绩，也会和我一样如此幸福和开心。康宇没有辜负他父母的期望，他是一个真正的男子汉！

李继宗

唐山市丰南区柳树圈教育界人士

后记

185

附录一

我的感恩和目标

我的感恩：

生命是可贵的，人来到这个世界真是不容易。所以，我首先要感谢我的妈妈，感谢她十月怀胎把我生下来，带我走进这个美丽的世界；感谢我的爸爸，感谢他没有嫌弃我这个残疾的孩子，把我孕育长大。虽然今日他们不能再陪伴我一起成长，但是他们对我的爱与关怀我将永记心里。

曾经，我以为自己的生命已经走到了终点站，其实我真的不甘心就这样结束自己 27 年的生命，但是病痛的折磨让我不能不屈服。就在我和我的家人将要绝望的时候，你的出现给了我一线的希望。我要真心感谢你——东子，感谢你愿意冒险来抢救我这个垂死病危的人。若没有你的勇气和果断，就不会有我接下来的精彩人生。谢谢你赠送我的那句话："大难不死，必有后福。"这句话真的如你所言被印证了。

曾经，我以为我的世界里只有我的亲人和村子里的几位好兄弟，因为我不能踏出房门，只有每天躺在炕上，从白天等到天黑，再从天黑等到白天。随着时间的流逝，科技不断地进步，世界不断地改变，我的人生也发生着变化。我终于可以走出柳树圈，走出唐山。我感谢每一位参与电视节目的主持人和工作人员，透过你们的电视节目我可以识字、学会了普通话、了解到世界各地的新闻。我感谢每一位参与"小人书"有关的工作人员，谢谢你们出版了许多的"小人书"，陪伴我度过了无数个孤单的日子。从这些书中，我学会了很多人生道理。我也要感谢身边的朋友，让我有机会接触到智能手机、QQ、微信。另外我还要感谢北京的丽姐，你曾经和许多朋友来给我过一个热闹的生日，几年中在精神上和物质上给予我很多支持与帮助。

曾经，我以为父母离开之后，我就会变得孤单无助，但上天还是眷顾了我。感谢三姐和三姐夫在父母离世后，接管、照顾我的日常生活。感谢来自香港的网友陈闽莲女士、王英和阿美，你们在我最艰难的日子里出现并帮助我，我非常感谢你们给予我的一切恩惠。感谢来自台湾的网友，你们的帮助让我深深感受到同胞们的关爱。

曾经，我以为自己期盼许久的天使只有在童话故事里才出现，因为他们是王子，是公主。而我呢，只不过是一个贫穷而又有残疾的男孩，怎么会有女孩会看上我、爱上我呢？在期待与矛盾中，我无奈地等待着。终于，我的天使出现了，我要感谢你，淑英，你没有嫌弃我贫穷、更没有把我当成残疾人看待。在你眼中，我是一位聪慧、勇敢、坚强、健全的王子。我是何等的荣幸可以娶到你这位善良又美丽的天使为我的妻子。我会爱你一辈子，用我的生命来保护你，让你感到自己就是这世界上最幸福的公主。

曾经，我以为淑英会遭到家人强烈的反对，甚至把她赶出家门，不再认她这个女儿。我以为淑英的家人会到中国来见我一次，骂我一顿，给我严厉的警告，让我无地自容。自从我和淑英恋爱之后，我就常常幻想可能发生的事，但我所想象的每一个不好的画面都没有出现。我非常感谢淑英的每一位家人，因为你们愿意接纳我成为你们家中的一分子，并出席我和淑英简单而朴实的婚礼，给我们送上最美的祝福。谢谢岳母大人将你的宝贝女儿托付给我，我一定会尽百分之百的责任不让你失望。谢谢你常常给我们打电话，还很关心我的健康，给我鼓励。谢谢哥哥和嫂嫂，你们无限的支持和鼓励，在背后为我们付出了很多心血。谢谢两位妹妹，你们对姐姐的爱与关怀，并给予我们很多的祝福。我还要感谢淑英的亲戚朋友们，虽然你我不曾见面，但你们给淑英很多的鼓励，并给我们送上贺礼和祝福。在我心里，永远不会忘记在中国南海的对岸还有我一个家——

马来西亚。

　　曾经，我以为我的婚礼只有几位亲朋好友参加，我们可能就在房间里举行简单的婚礼仪式，轻描淡写地完成我的终身大事。却没想到，我的婚礼被搬上了荧幕，还让我一夜成名。此事，我特别要感谢我的好朋友小蕾，是你的介绍，让我通过王灼有机会认识唐山东方婚庆演艺公司的负责人赵立军老师。我也要谢谢赵老师，在你的帮助之下，我和淑英的婚礼变得如此浪漫和精彩，让所有的来宾都留下了美好印象。我也要谢谢全国各大媒体，谢谢你们的付出和关心，将我的故事报道出来，甚至被传到世界各地。因为你们，我被世界关注。

　　曾经，我以为我结婚后，我和妻子就过着简单又简朴的生活。然而你们的出现，不但改变了我的想法，也让我和妻子的生活变得多姿多彩。在此，我和妻子要感谢所有帮助过我们的爱心人士，包括亲自来柳树圈镇拜访我们的人、从大洋彼岸寄信来关心我们的人、QQ 的朋友、光顾我们淘宝店的每一个顾客，以及在精神上或物质上给予我们帮助的人。在此，我要特别感谢付默女士赠送我一套有关睡眠系统的产品，让我在寒冷的冬天里感到特别的温暖。

　　曾经，我以为我只能待在家里和妻子开着网店，就这样维持我们的生活。我以为我自己能力很有限，虽然有心却力不足，不能为社会做一番伟大的贡献。我从没想过，原来我可以用演讲来创造财富。我也没想过，原来我的人生经历可以激励全世界的人，为社会、为国家贡献力量。我要特别感谢梁凯恩老师、许伯恺老师和陈霆远老师，因为他们是我生命中的"贵人"，帮助我走出家乡。

陈霆远老师，我要谢谢你，因为你的大爱，每一次我到上海，你都细心为我安排一切，包括接送、住宿等，让我和淑英深受感动。我还记得第一次到上海的时候，你特别请人布置房间，让我和淑英有度蜜月的感觉。当时我真的很兴奋，心里也非常感恩。我还要谢谢你第一次让我尝到麦当劳、肯德基、匹萨、海底捞火锅等美食，到上海滩黄埔江边游玩，还走进戏院看戏。你不但是我的"贵人"，也在用父亲一样的爱关心我、照顾我。我会永远珍惜你这位"贵人"，用一生的时间来答谢你！

友善的梁凯恩老师，我要谢谢你，你给了我很大的鼓励，让我对自己更有信心。谢谢你这位高超的演讲家，愿意去培养我成为一位有影响力的激励讲师。谢谢你给我写了一个很棒的演讲稿，我会努力练习它。谢谢你愿意抽出你宝贵的时间亲自来教导我。梁老师，你所付出的一切我都深深烙印在心里，我一定会感恩于你。

幽默的许伯恺老师，我要谢谢你。每一次听你演讲，我都会学习到很多知识，也从中知道很多最新的消息和新闻。你真是一个很棒的演讲家，是我学习的楷模。谢谢你不断地给我肯定和支持，让我更有信心成为有影响力的激励讲师、演说家。我还记得你第一次介绍我的故事给企业家们。那一刻，我深深被你感动，因为你的每一句话都是那么诚恳、认真，仿佛你已经认识我很久很久了。还有，你给我的每一个拥抱，每一个飞吻，让我感到特别的温暖，因为除了父母和妻子之外，没有人像你那样热情地拥抱过我。谢谢你让我感到亲情般的爱，你犹如我的兄弟一样。谢谢你许老师，我会用一生的时间来回报你！

在此，我要特别感谢"101目标网"的全体员工，谢谢你们对我细心的照顾和安排，让我和妻子深受感激。谢谢每一次把我从火车的车厢里抬出来又抬进去的兄弟们，我感受到你们的爱、体贴、细心，我给你们添了很多麻烦，真的谢谢你们。谢谢胡萍，每一次联系我的时候，都会给予清楚的交代和提醒，之后还会跟进我接下来要做的事。真的谢谢你，辛苦你啦！

我也要谢谢朱悦嘉同学，谢谢你每一次看到我的时候都给我很多的鼓励，并且你安排时间让我去演讲。谢谢你给我的肯定与支持！谢谢魏蕾同学，让我们感到家庭般的温馨。也谢谢你送我你自己写的书，让我可以更了解你。谢谢王海艳同学，第一次见到我时就结下友谊，此后给我很多支持和鼓励。在上海，我遇到像这样的同学还有很多很多，我现在的成功离不开你们每一个人的支持和帮助。在这里我无法一一提名感谢你们，你们对我的照顾和关心我会永记于心，将来必有一天，我会答谢你们每一个人对我的恩情。真心诚意地向你们说声谢谢！

在我生命里出现过的每一个人我都要感谢。因为你们，所以我成长；因为你们，所以我学会珍惜和感恩；因为你们，所以我知道我活着是有价值的。

最后，我要非常荣幸地感恩韩谨鸽和韩明哲，感谢你们为我写作这本书。谢谢你们一直在背后默默地付出！

我还要感谢中华工商联合出版社的老师们，能够通过出版这本书与你们结识，我感到非常的荣幸。真心地谢谢你们！

我的目标：

2014年，我立下了自己人生的"101个目标"。我在这里把部分目标分享给大家，一方面是为了给自己一些激励，另一方面是为了尽可能地去影响那些还在等待的人。

1、人生励志书出版。

2、在梁凯恩老师结婚的那一天，我要当场为他高歌一曲，并送上结婚礼物。

3、2014年至2018年（39～43岁），我希望到20个城市去演讲：上海、北京、浙江、江苏、湖南、湖北、贵州、云南、福建、河南、河北、黑龙江、吉林、辽宁、四川、广东、青海、安徽……

4、2014年至2018年（39～43岁），我希望到5个国家去演讲：马来西亚、韩国、日本、法国、迪拜。

5、2014年至2024年（39～49岁），我希望到101所大学去演讲，激励百万大学生写下自己的人生目标。

6、2014年至2024年（39～49岁），我希望到101所中小学校演讲，激励百万中小学生珍惜生命，热爱生活。

7、2014 年至 2024 年（39 ～ 49 岁），我会支持淑英参与"捡珍珠"计划。这计划是帮助那些贫困但聪明的儿童，让他们有机会上学。

8、2014 年至 2024 年（39 ～ 9 岁），我会协助淑英鼓励 1000 位爱心人士一起参与"捡珍珠"计划，让更多优秀的儿童可以得到很好的栽培。

9、2014 年至 2024 年（39 ～ 49 岁），我希望和颜淑英到 10 个国家旅游：马来西亚、韩国、日本、美国、英国、法国、德国黑、澳大利亚、迪拜、瑞士。

10、2014 年至 2034 年（39 ～ 59 岁），我要努力阅读 1000 本书。

11、2014 年至 2034 年（39 ～ 59 岁），我每一年都要写下自己的人生目标。

12、2014 年至 2034 年（39 ～ 59 岁），我要激励更多的残疾人，帮助他们改变命运。

13、2014 年至 2034 年（39 ～ 59 岁），我要帮助更多的残疾人写下自己的人生目标。

14、2014 年至 2034 年（39 ～ 59 岁），我希望将"康宇奇迹基金会"的基金用作慈善救助贫困和弱势群体。

15、2014 年至 2074 年（39 ～ 99 岁），我希望每年都和淑英庆祝生日和结婚纪念日。

16、2015 年（40 岁），我希望和淑英会拥有属于自己的一套 200 平米以上的房子。

17、2015 年（40 岁），我希望拥有自己的电动智能轮椅。

18、2015 年（40 岁），我希望认识马云。

19、2015 年 8 月 8 日（40 岁），我希望认识刘德华。

20、2015 年（40 岁），我希望与力克·胡哲同台演讲。

21、2016 年 8 月 8 日（41 岁），我希望能与台湾歌手张宇同台演唱，因为我喜欢他的歌。

22、2017 年（42 岁），我希望把自己的人生故事搬到屏幕上。

23、2017 年（42 岁），我希望能够拥有一架语音控制的智能电脑。

24、2018 年（43 岁），我希望出版人生的第二本激励书。

25、2020 年 10 月 18 日（45 岁），我希望在五星级酒店为岳母庆祝 70 岁大寿。

26、从 2022 年至 2032 年（47～57 岁），每一年的春节，我希望能赠送米和油给 1000 户贫穷的家庭，让他们感受到人间有爱而温暖，激励他们坚强活下去。

27、2024 年（49 岁），我希望能站着演讲。

28、2024 年（49 岁），我希望和淑英及两个孩子去参观万里长城。

29、2024 年 8 月 8 日（49 岁），我希望"康宇奇迹俱乐部"正式成立。在此的设备与活动都是适合残疾人参加，并让残疾人在此有个正能量的交流平台。

30、2024 年 9 月至 2034 年（49 岁～59 岁），我希望帮助 1000 对夫妻建立幸福的婚姻和家庭。

31、2025 年（50 岁），我希望出版人生的第三本励志书。

"我们不是走在达成目标的路上，就是处在等待死亡的途中。"希望上述目标可以实现，让我们始终走在达成目标的路上，一起去创造一个又一个奇迹！

附录二

让我们一起将爱心传递

197

《康宇奇迹基金会》宗旨：

本基金会宗旨是资助广大残疾人士做有意义的事，让他们热爱生活、珍惜生命、对未来充满信心和希望，并拥有他们的梦想和目标，使他们奋发向上自强不息、平等地参与社会活动，为国家建设和实现"中国梦"贡献力量。同时，也激励各行各业的健全人士爱岗敬业、忠于职守、创造出更加辉煌的成就。

承蒙各界人士对我的支持，我会将本基金会的发展与进程及时通告各位关心、爱护它的人，在此衷心感谢大家对基金会的厚爱！